« LES DOSSIERS SCIENCE-FRONTIÈRES »

sous la direction de Jean-Yves Casgha

MARTINE CASTELLO/ISABELLE BLANC
PHILIPPE CHAMBON

LA CONSPIRATION DES ÉTOILES

Les Ummos :
terrestres ou extraterrestres

ROBERT LAFFONT

Nous tenons à remercier M. Antonio Ribera pour son accueil particulièrement chaleureux. Grâce à lui nous avons pu avoir accès à tous les documents et éléments nécessaires à notre enquête. Toute notre gratitude va également à nos autres amis espagnols, Ignacio Darnaude Rojas-Marcos et Antonio Moya Cerpa qui nous ont confié des lettres et remis le dictionnaire ummite.

ISBN 2-221-07016-X

SOMMAIRE

Ce livre ne constitue pas uniquement une enquête sur une étrange affaire ni un récit d'aventure. Il est le reflet de nos pérégrinations, de nos hésitations et de nos découvertes au fil des jours. Comme nous sommes trois auteurs, chacun de nous a raconté cette histoire sous la forme qu'il préférait. Martine Castello commence le récit par une étrange rencontre qui sera en fait à l'origine du livre. Elle ira en Espagne avec Isabelle Blanc et en URSS avec Jacques Vallée. Isabelle Blanc a choisi de relater l'atterrissage de San José de Valderas et l'histoire incroyable de la main coupée. Quant à Philippe Chambon, il a préféré s'attaquer à l'analyse scientifique des lettres. Tous les trois, en suivant nos propres raisonnements, nous avons essayé de découvrir dans un chapitre commun ce qui se cachait derrière l'affaire Ummo.

1.

RENCONTRE AVEC UN DRÔLE DE TYPE

Les Ummites sont peut-être encore parmi nous ! Il y a quelques jours je me suis mise à tousser sans arrêt. Diagnostic du médecin : pleurite, une sorte de mini-pneumonie. Rien de bien grave, mais c'est étrange, j'ai senti le mal arriver en commençant à rédiger mes premières notes. Comment ne pas faire le rapprochement avec l'aventure vécue il y a deux ans par un ami astrophysicien Jean-Pierre Petit ? Alors qu'il travaillait lui aussi sur l'affaire Ummo, il est brusquement tombé gravement malade. Et puis je repense à tous ces gens qui nous ont prévenus : « Ne parlez pas d'eux, c'est dangereux. » Mais je divague, la fièvre sans doute, tout cela n'est que coïncidence. De toute manière il est trop tard pour hésiter. Il faut que j'extraie les Ummites de ma tête une bonne fois pour toutes. Je vais les emprisonner dans ce livre, les ficeler entre les pages et on n'en parlera plus.

J'ai été confrontée la première fois avec cette histoire un matin de l'hiver 1988. La scène est encore très nette dans mon esprit. Je marche courbée sur un chemin enneigé des Hautes-Alpes, j'ai froid et je bougonne. En bonne Méditerranéenne je déteste le ski et tout ce qui s'y rapporte. Je m'en veux aussi d'avoir accepté l'invitation au festival « Science-Frontières » de Puy-Saint-Vincent. Je me dis rationaliste et je n'ai pas envie d'écouter les élucubrations des gourous et autres chamans. Je glisse à chaque pas et j'ai l'horrible impression que je n'atteindrai jamais la salle de conférences. Et soudain, le regard fixé sur mes pieds trop légèrement chaussés je percute de plein fouet un obstacle imprévu. Je lève les yeux et je me trouve en face d'un type immense. L'homme a souri. Il a une tête de gros bébé. Des yeux bleus humides, des cheveux frisés qui tombent en tortillons sur les épaules et, je me demande pourquoi, un sourire entendu.

« Vous êtes Martine Castello, il faudrait que je vous parle, on pourrait se retrouver à l'auberge ? — Oui, c'est ça, c'est ça, on verra... » Je le quitte presque en courant. Je ne sais pourquoi, ce type m'énerve. J'ai la conviction qu'il a fait exprès de me bousculer. S'il croit que je vais aller à son rendez-vous il rêve ! D'ailleurs son air d'illuminé ne me dit rien de bon. Encore un de ces givrés, mangeur de graines drogué à la méditation qui croit avoir tout compris...

Je passe le reste de la semaine à essayer de le fuir. C'est difficile car j'ai l'impression qu'il me guette. Heureusement, il reste à distance, mais il me regarde tout le temps. De loin, toujours avec ce sourire entendu et ces yeux bleus transparents. Je sais maintenant qu'il s'appelle Éric Pigani et qu'il est journaliste. Cela ne me rassure aucunement. J'ai l'impression qu'il représente autre chose. Au fond je me demande si l'ambiance de ce colloque n'est pas en train de me contaminer. Partout il n'est question que de la force de l'esprit, de vie après la mort, de miracles et autres défis à la science.

Je suis moi aussi en train de basculer dans l'irrationnel et je fais de cet Éric Pigani un personnage mystérieux. Peut-être parce qu'il vient de l'étranger. On m'a dit qu'il a vécu très longtemps au Québec. Une explication rationnelle qui ne me satisfait qu'à moitié. Cela peut paraître bizarre, je le sens étranger. Oui, mais plutôt aux habitants de la planète. En tout cas quelque chose en lui m'inquiète et moi qui suis plutôt d'un naturel bavard et sociable, je le fuis comme la peste. Mes efforts ont d'ailleurs porté leurs fruits. Il n'a pas réussi à m'adresser la parole de tout le séjour. Et c'est avec une certaine satisfaction que je m'installe dans le train du retour. Pendant quelques minutes je regarde par la fenêtre le ballet maladroit des vacanciers encombrés de skis et de chaussures. Avec leur doudoune rose fluo ils ressemblent à de gros insectes de bandes dessinées qui tentent l'invasion du train. Ce dernier ne se laisse pas faire. Discrètement il se sauve. Je m'enfonce dans la banquette et je tourne la tête. C'est alors que je le vois. Il est assis en face de moi. Quand est-il entré dans ce compartiment ? Depuis combien de temps me regarde-t-il ainsi ? Je ne comprends pas, je croyais que toutes les places étaient prises. Pendant quelques secondes j'ai la chair de poule. Cela m'arrive toujours quand on me raconte des histoires étranges. Nos regards se croisent. A nouveau ce sourire. Je suis piégée, je ne peux plus fuir. J'attaque.

« Alors vous avez fini par me rencontrer, vous voyez, tout arrive.

— Oui, il faut que je vous parle. Connaissez-vous l'affaire Ummo ? »

Je n'ai jamais entendu parler de cette histoire et franchement je n'ai nulle envie de la connaître. Sans même me laisser le temps de formuler cette phrase, il a déjà commencé à raconter son histoire. Il regarde la paroi du wagon au-dessus de moi mais son regard est ailleurs. Il parle comme s'il débitait une sorte de litanie. Je suis tellement fascinée par cette attitude que je n'ai même pas écouté le début.

« ... ils disent qu'ils sont arrivés en 1950 dans les environs de Digne dans les Alpes-de-Haute-Provence et qu'ils y ont séjourné deux ans avant d'essaimer un peu partout : en Allemagne de l'Ouest, en Australie, en Amérique du Sud, au Canada, au Danemark, etc.

— Excusez-moi mais de qui parlez-vous ? » Mon interlocuteur me regarde l'air plutôt furieux.

« Mais je viens de vous le dire, vous ne m'écoutez pas. Je parle des Ummites, les habitants de la planète Ummo. Ils ont eu conscience de l'existence de notre planète après réception d'un message radio émis par la Terre en 1934, et reçu en 1949. Vous savez bien sûr que 1934 c'est la date des premières expériences radio à fréquence suffisamment élevée pour passer la barrière de l'atmosphère. Avant, notre planète était muette. Les Ummites ont donc monté une expédition en direction de notre système solaire. Après de nombreux mois passés à observer prudemment d'en haut ils se sont décidés à envoyer sur terre un corps expéditionnaire de quelques individus qui se sont donc fixés dans un premier temps à Digne.

— Mais comment pouvez-vous savoir tout cela ? A moins que vous ne soyez, vous aussi, un extra-terrestre ? »

Je ris, mais M. Pigani ne semble pas décidé à prendre l'affaire à la légère.

« Non, je ne suis pas E.T. Mais les Ummites ont écrit des centaines de lettres à des gens sur toute la planète.

— De plus en plus fort ! Et elles sont comment ces lettres, écrites en hiéroglyphes ?

— Non, tapées à la machine dans la langue du destinataire mais elles portent toutes un sceau caractéristique qui ressemble à la lettre H. Les lettres arrivent par la poste et les timbres proviennent du monde entier. »

Sur l'instant Éric Pigani ne me fait plus peur, mais plutôt pitié !

« Et c'est pour me raconter cette histoire que vous me poursuiviez à Puy-Saint-Vincent. Mais ce n'est qu'une plaisanterie, une bande de copains qui se sont amusés à écrire des bêtises. Tout cela est ridicule !

— Ce n'est pas si simple..., s'écrie tout à coup mon voisin. Celui-ci regardait par la fenêtre défiler le paysage tandis que nous parlions et je n'avais pas l'impression qu'il écoutait. Il s'appelle Jean-Pierre Pharabod, et il est ingénieur au laboratoire de physique nucléaire des hautes énergies de l'École polytechnique. On lui doit *Le Cantique des quantiques*, un excellent ouvrage de vulgarisation sur la physique de l'infiniment petit [1].

Autant dire que M. Pharabod n'a rien d'un rigolo. Il est d'ailleurs plutôt du genre timide, réservé et précis.

« Ces lettres n'ont pas été écrites par n'importe qui. Ce sont des gens intelligents qui possèdent une haute culture scientifique. »

Je n'arrive pas à comprendre s'il a été l'un de leurs destinataires, ou s'il les a simplement consultées chez d'autres person-

1. Écrit en collaboration avec Sven Ortoli.

nes, mais le fait me paraît déjà inimaginable. Jean-Pierre Pharabod ne sait pas qui se cache derrière les lettres, il avance sans conviction l'idée d'une manipulation des services secrets américains. Dans son coin Éric Pigani a repris son sourire entendu et il ajoute, presque pour lui : « Une manipulation de la CIA qui a commencé en 1965 et qui continue encore de nos jours c'est un peu long. Pour quoi faire ?

— Mais enfin expliquez vous ! »

Cette fois je ne perds plus une miette de son discours.

« Ce que nous connaissons à vrai dire c'est surtout l'histoire espagnole, car les lettres ont été rendues publiques. Il paraît que les Italiens ont brûlé toutes leurs missives et qu'il y a des antennes dans tous les autres pays, qui restent muettes de peur de voir les envois s'interrompre. »

On sait donc qu'ils se sont installés en Espagne, d'abord dans le sud à Albacete, puis à Madrid. Pendant quinze ans ils ont étudié notre civilisation puis un jour ils se sont enfin décidés à communiquer avec nous. C'est en 1965 qu'intervient le premier contact connu. En tout cas le premier qui laisse une trace que nous connaissons. Car il semble que quelqu'un ait reçu un message en 1963, et peut-être d'autres lettres ont-elles été écrites avant cette date.

« Et vous savez qui est le destinataire de cette première lettre ''officielle'' ? Un Espagnol qui s'appelle Fernando Sesma. »

Sesma est un type génial, un peu fou, qui s'intéresse beaucoup aux phénomènes ovnis et publie de nombreux articles sur le sujet. Il reçoit un jour un coup de téléphone (ces extraterrestres-là téléphonent aussi beaucoup !).

Les Ummites lui racontent qu'ils ont lu ses articles et qu'ils auraient besoin d'un coup de main. Car ils sont un peu perdus ! Certes, nous terriens, nous les intéressons beaucoup, mais ils voudraient bien découvrir maintenant d'autres habitants du cosmos. S'ils ont eu la chance de tomber sur nous, grâce à notre message radio, ils n'ont aucune piste pour les autres.

Les lettres qui suivront développeront ces thèmes : leurs moyens techniques ne leur permettent pas d'explorer systématiquement le cosmos. Même s'ils pensent qu'il existe un million de systèmes habités intéressants dans notre Galaxie, ils ne peuvent pas se permettre d'explorer systématiquement ses cent milliards d'étoiles.

Dans une des lettres adressées à Sesma ils disent avoir étudié quatre cents systèmes et n'avoir trouvé qu'une seule civilisation ayant un degré d'évolution comparable au leur. Mais c'étaient des moches ! Des petits avec une grosse tête... L'autre planète habitée qu'ils visitèrent était peuplée d'hommes préhistoriques. Ils furent donc vraiment contents de nous trouver. On avait à peu près le même physique. Nous n'étions plus des hommes de Cro-Magnon, mais tout de même six millions d'années nous séparaient. Ces six millions d'années d'avance sur nous semblent avoir posé un vrai problème de conscience aux Ummites. Devaient-ils ou non se dévoiler à nos yeux, au risque de nous perturber profondément... Dans ses écrits, Sesma parlait des extraterrestres comme s'il les invitait à dîner tous les soirs à sa table : cela les rassura.

Cet homme devait être quelque chose comme un ambassadeur du cosmos sur la planète Terre, on pouvait lui parler sans crainte. Et c'est ce qu'ils firent. D'ailleurs ils avaient parfaitement raison. Sesma ne fut absolument pas étonné des coups de fil et des lettres ummites. Il considérait cela comme tout à fait normal. Ce sont les Ummites qui se lassèrent les premiers. Ils comprirent vite que Sesma en savait encore moins qu'eux sur les autres civilisations et les contacts cessèrent.

C'est alors que d'autres Espagnols commencèrent eux aussi à recevoir d'étranges missives.

« Les destinataires de ces documents sont peut-être aussi des fous comme Sesma. Qui nous dit que ce n'est pas lui qui a écrit les lettres ? »

Éric Pigani hausse les épaules.

« Mais non, Sesma n'était pas fou. D'ailleurs après sa mort les lettres ont continué à arriver. »

Les nouveaux destinataires espagnols des documents sont en général des gens très cultivés mais pas vraiment des scientifiques, explique Éric Pigani puis il ajoute :

« Vous savez, des scientifiques intéressés par l'affaire Ummo, il y en a plus que l'on croit. Pas la peine d'aller chercher très loin. Des chercheurs participant à notre colloque connaissent très bien ces lettres et j'en connais même qui s'en servent pour leur travail...

— Vous plaisantez ! Que des chercheurs sérieux travaillent à partir d'un matériel apporté prétendument par des petits hommes verts, je n'arrive pas à le croire !

— Et pourtant c'est la vérité. D'abord les Ummites nous ressemblent physiquement, rien à voir avec des monstres de science-fiction. En plus je sais de source sûre qu'un au moins de ces scientifiques a publié récemment des travaux à partir d'idées puisées aux sources ummites. Ils ont été acceptés dans des revues tout ce qu'il a de plus scientifique et officiel. A mon avis il n'est pas le seul à utiliser les richesses cachées dans les lettres ummo. Mais tous les chercheurs n'ont pas le courage de donner leurs sources ! »

J'avoue ne plus savoir quoi dire. Je n'ai aucun élément pour répondre à mon interlocuteur. J'ouvre un livre et tente de me plonger dans la lecture. Peine perdue, les Ummites m'en empêchent. Je n'arrive pas à y croire mais cela me paraît tellement formidable. Déjà je ne rêve que du jour où je les démasquerai. Et qu'importe qu'ils soient humains ou extraterrestres !

La banlieue parisienne défile maintenant sous nos yeux, triste et grise comme d'habitude. Arrivée gare Montparnasse. J'observe une fois de plus avec consternation le ballet rituel des fins de colloques. Tous ces gens qui ont vécu ensemble plus d'une semaine, ont partagé des émotions, des conversations intimes, se quittent précipitamment. Ils fuient. Parfois ils ne s'adressent pas un signe d'adieu. Ils ont peut-être peur de se retrouver sur le même quai dans le métro...

Éric Pigani, lui, traîne dans le compartiment tandis que je rassemble mes affaires. Sur le quai il m'adresse une dernière fois la parole : « Voilà ma carte, si vous avez besoin de quelque chose, appelez-moi. » Puis il disparaît dans la foule.

Quelques jours plus tard j'ai rendez-vous à l'observatoire de Meudon avec un jeune astrophysicien spécialiste des trous noirs, Jean-Pierre Luminet. Notre entretien est terminé et j'ai l'impression d'avoir compris. (Je dis impression, car dans notre métier de journaliste nous ne vivons que d'impressions, illusions et autres miroirs aux alouettes... Mais c'est une autre histoire.) Quoi qu'il en soit, il me raccompagne et sur le seuil du bâtiment, juste à côté de leur dinosaure de photocopieuse, je lui pose « la » question :

« Avez-vous entendu parler de l'affaire UMMO ? » Comme si j'avais prononcé un gros mot. Il m'entraîne par le bras : « Ne restons pas là. Je vais vous en parler, mais venez dans mon bureau. » Il ferme doucement la porte, puis m'avoue : « Il y a quelques années, je me suis passionné pour ces lettres. Je les ai étudiées mais à la fin je n'ai rien pu en tirer. J'ai alors prêté les textes à des amis biologistes qui travaillaient à l'époque pour les militaires. Les lettres les ont passionnés, ils ont passé eux aussi des mois à essayer de les décrypter. Dans les années 1965 les idées qu'on y trouve étaient vraiment d'avant-garde. Les textes nous semblaient cohérents et intelligents, mais parfois on tombait sur une erreur grossière, comme si elle avait été mise là pour détourner l'attention. Tout notre enthousiasme retombait alors. Finalement je ne sais même plus qui possède encore parmi nous les lettres ummites. Peut-être se sont-elles perdues ? »

Perdues, oubliées... Pauvres Ummites, voilà ce que font les terriens de votre précieux savoir. Mais je divague. C'est déjà accorder bien trop d'attention à un canular d'étudiants ! Je n'étais pas au bout de mes surprises. Car, quelques jours plus tard je rencontrais à l'université de Cambridge Steven Hawking. Cet astrophysicien, qui occupe aujourd'hui la chaire de Newton travaille sur une physique extrême, celle du troisième millénaire qui unifiera les lois de l'infiniment petit et la théorie de la relativité d'Einstein. Autant dire que peu de gens sur la planète comprennent ses travaux. Steven Hawking, handicapé, est cloué à une chaise roulante, et il est difficile de s'entretenir avec lui. Il ne s'exprime qu'à travers un synthétiseur vocal. A la fin de notre entretien je lui pose pourtant la question qui commence à devenir rituelle : « Connaissez-vous l'affaire Ummo ? » Sur son écran d'ordinateur s'affiche le mot « *Yes* ». « Voulez-vous m'en parler ? » « *No.* » Je n'insisterai pas. Steven Hawking est fatigué et moi aussi.

Cette histoire commence à m'obséder. Je ne sais plus que penser, j'ai l'impression que les Ummites sont partout, qu'ils ont infiltré toute la communauté scientifique. Deux interviews, deux chercheurs qui les connaissent, deux coïncidences étranges. Il n'y a pas de quoi généraliser. Mais allez donc faire appel à la raison dans ces cas-là ! Je dois l'avouer, je suis vraiment troublée et, à peine rentrée en France, je me précipite sur la carte de visite d'Éric Pigani.

« Éric, c'est Martine Castello, tu te souviens de moi ?

— Oui, bien sûr.

— Pourquoi m'as-tu branchée sur l'affaire Ummo ? C'est une superbe enquête, toi aussi tu es journaliste, je ne comprends pas que tu ne t'en occupes pas !

— Je ne peux pas.

— Comment tu ne peux pas ?

— Cela m'est interdit. Trouve un restaurant tranquille, je t'expliquerai demain. »

Il n'y a qu'un restaurant discret dans le quartier : une sorte de brasserie abandonnée depuis longtemps par la clientèle pour cause d'antipathie culinaire notoire. Tant pis pour la gastronomie. J'installe Éric dans un recoin tout ce qu'il y a de plus discret. Et tout de suite je lui demande de s'expliquer.

Lui, il prend son temps, il trifouille la mie de pain, regarde son vin en soulevant son verre. Il se penche en arrière en affichant son sourire entendu. Enfin il fait ce que l'on appelle « son important ». Patience, restons calme. Enfin il se décide à parler :

« Tu n'es pas obligée de me croire (heureusement !) Eh bien, voilà. J'entends des voix depuis l'enfance, et ils me parlent.

— Mais qui ?

— Les extraterrestres, voyons ! C'est à Puy-Saint-Vincent qu'ils m'ont envoyé le message qui te concerne. "Cette fille, tu dois lui parler des Ummites." Cette fille c'était toi, et j'ai bien cru que je ne pourrais accomplir ma mission car, je ne sais pourquoi, tu as passé ton temps à me fuir ! Heureusement, au dernier moment j'ai réussi à te retrouver dans le train. Voilà, tu sais tout. Moi je ne suis qu'un messager, je ne dois pas m'occuper de l'affaire Ummo. »

Que dire après ce discours stupéfiant ? Éclater de rire en déchirant frénétiquement la nappe en papier, ou donner une gifle à Pigani et pleurer ? Je n'ai rien fait de tout cela. J'ai continué à avaler mes pommes frites comme s'il venait de me parler de son cousin de Bretagne. Puis je suis rentrée chez moi sans pouvoir m'empêcher de me demander pourquoi moi. Pourquoi m'ont-ils choisie ? Plus je racontais cette histoire à ma famille et à mes amis, plus ils me disaient que Pigani était un fou, que tout cela ne tenait pas la route, plus j'avais envie de continuer. J'ai l'impression qu'à ma place tout le monde aurait fait la même chose. Nos existences sont tellement programmées aujourd'hui. On meurt d'ennui étouffé sous les assurances, les sécurités, les barrières de protection. En tout cas c'est ce que je ressens. Mais peut-être que moi je meurs plus vite que les autres. Car je n'hésite pas une seconde. Élue ou pas par les Ummites, je vais essayer de savoir qui se cache derrière ces lettres et trouver le fin mot de l'histoire.

Le lendemain je ne tiens plus. Je raconte avec enthousiasme et dans le désordre toute l'histoire à mes collègues. Je la répète encore et encore de plus en plus fiévreusement. Quelques jours plus tard la métamorphose a opéré. En ligne directe avec le cosmos. Quelque part à 14,6 années-lumière de la Terre il y a l'étoile Iumma (pour nous c'est l'étoile Wolf 424) et, autour de ce soleil, Ummo, la planète des Ummites. Et maintenant, sur la Terre, reliés à eux, toute une bande d'humains branchés de la catégorie « médias parisiens » et autres, qui ne rêvent que d'une chose : les rencontrer.

Faute d'un voyage sur Ummo (les billets interplanétaires n'étant pas disponibles pour le moment), je prends sans hésiter un billet d'avion pour l'Espagne.

« Tu ne peux pas y aller seule : je vais t'accompagner », me dit mon amie, Isabelle Blanc. Isabelle n'a rien d'un garde du corps, elle est plutôt fluette mais c'est une consœur journaliste, une des rares personnes qui ne s'est pas du tout intéressée à mon histoire. Bon, tant mieux finalement, avec son esprit positif et réaliste, il ne peut rien nous arriver. D'autant plus qu'elle n'a aucune envie de s'éterniser au pays des Ummites. « Cette affaire va être vite réglée », me dit-elle.

Je ne sais pas pourquoi mais j'ai le sentiment que tout ne sera pas si simple. Je suis bien loin pourtant de me douter à quel point elle et moi avons mis le nez dans un engrenage. Une sorte de spirale de l'absurde qui va nous lier pendant deux ans. Elle nous entraînera que nous le voulions ou non dans l'incroyable aventure des Ummites.

2.
ENQUÊTE EN ESPAGNE

Bilbao. Nous arrivons un jour de printemps. La ville sent encore la poudre : deux attentats de l'ETA nous ont précédées. La police des frontières ne s'étonne guère de voir débarquer des journalistes. S'ils savaient que nous n'avons que faire des terroristes, et que seule la recherche des extraterrestres nous intéresse, ils n'en reviendraient pas ! D'autant plus qu'à mon avis trouver des Ummites nécessite beaucoup plus de professionnalisme que la simple poursuite de militants séparatistes ! Et il faut bien l'avouer, dans ce domaine nous sommes vraiment des débutantes. En vérité nous n'avons aucune piste. Tout juste le nom d'un écrivain espagnol, indiqué par le correspondant du journal à Madrid. Cet écrivain est connu pour ses ouvrages sur les ovnis, peut-être a-t-il entendu parler d'Ummo ? Au fond nous n'en savons rien et tout dépend de lui. S'il n'est pas là, s'il ne veut pas répondre, nous aurons fait tout ce voyage pour rien.

Je regarde avec inquiétude Isabelle composer son numéro de téléphone... Il décroche. Il paraît surpris, mais il accepte tout de même un rendez-vous dans le hall de l'hôtel. Juan José Benitez est un jeune homme tout ce qu'il y a de galant. Il se lève, nous baise la main et nous regarde très sérieusement. On lui explique tant bien que mal notre histoire et on attend. Silence.

« Je connais très bien cette affaire, mais elle ne m'intéresse pas. »

Bon ! nous voilà bien avancées. Juan José Benitez n'aime pas les Ummites, ces histoires de lettres qui circulent ne lui paraissent pas crédibles. Il croit à une cabale montée de toutes pièces par des Espagnols pour se faire mousser. Quels Espagnols ? Eh bien, des écrivains concurrents. Lui se veut un homme sérieux. Ce qui l'intéresse ce sont les classiques de l'ufologie : les soucoupes, les enlèvements suspects, les animaux disséqués... Enfin des choses tout à fait normales ! Dans ce contexte comment croire à des lettres, même scientifiques, écrites par des gens qui disent nous ressembler ? D'ailleurs Benitez est pressé. Il doit se rendre dans le sud de l'Espagne, où on lui a signalé l'arrivée de petits êtres de cinq centimètres de haut. Il nous quitte précipitamment, mais, avant de partir, nous laisse deux ou trois adresses d'Espagnols ayant reçu des lettres ummites. On ne lui en demandait pas plus.

Étrange pourtant sa réaction de rejet à l'affaire Ummo. On s'apercevra bien plus tard qu'elle est partagée par tous les spécialistes des ovnis. Qu'ils soient français ou étrangers, ils s'accorderont tous à nier la réalité du phénomène. Impossible de les faire parler plus de dix minutes sur le sujet. Ils ont toujours d'autres cas bien plus intéressants à nous proposer : des petits gris, des petits verts, des géants ou des nains... On dirait que chacun défend une vision du cosmos différente. Chacun a son idée sur ce que doivent être des extraterrestres qui se respectent, et les Ummites ne rentrent décidément dans aucun schéma. C'est peut-être aussi pour cela qu'ils sont intéressants.

En tout cas nous sommes ici et nous devons entrer en contact avec le « groupe de Madrid ». Ce fameux groupe est constitué d'une dizaine de personnes qui ont reçu, après Sesma, la plupart des lettres ummites. Ils sont tous originaires d'un milieu intellectuel et bourgeois : ecclésiastique, ingénieur des télécommunications, commissaire de police, psychologue, médecin, directeur d'un laboratoire pharmaceutique, journaliste, patron de maison d'édition. Ils vouent aux Ummites un véritable culte. Ils se sont longtemps réunis dans le sous-sol d'un café madrilène : le café Lyon. C'est là qu'ils échangent leurs correspondances, racontent leurs derniers coups de fil avec les Ummites et essaient de comprendre ce que ces extraterrestres veulent d'eux. Car, pour le groupe de Madrid il n'y a pas de doute : les Ummites ont bien une origine extraterrestre. Et ces derniers les ont prévenus plus d'une fois. « Ne parlez pas, sinon nous cesserons tous nos envois. » Le groupe de Madrid est donc devenu au fil des années un réseau de disciples parfaitement obéissants qui classent et compilent le matériel sans l'exploiter réellement, de peur de voir cesser toute relation avec les habitants d'Ummo. Difficile de s'introduire parmi eux. Surtout nous qui incarnons finalement le mal suprême : les journalistes. Mais le groupe de Madrid a une faille et elle est de taille. Voilà plus de vingt ans que les Ummites voyagent dans d'autres pays. Ils leur envoient des lettres postées du monde entier, font référence à des interlocuteurs aux États-Unis, en URSS, en Allemagne, en Australie et même en Chine... Mais eux n'ont jamais pu identifier aucun de ces correspondants étrangers. Ils ne connaissent que des Espagnols et cela fait plus de vingt ans que cela dure. Vingt ans d'attente et rien ne se passe. Le groupe de Madrid se sent isolé et parfois même se prend à douter. C'est peut-être notre chance. Quand nous téléphonons à l'un des membres, l'ingénieur chimiste Jorge Barrenechea, il refuse de nous recevoir. Mais Isabelle insiste : « C'est dommage parce que nous avons des informations sur les États-Unis. » Ce n'est pas tout à fait faux, on nous a parlé d'un certain Théodore T. Polk de Pittsburg, médecin spécialiste de l'orientation professionnelle qui aurait été dans les années 1970 l'un des interlocuteurs des Ummites aux USA. La piste est mince, d'autant plus que Polk a eu la mauvaise idée de mourir en 1988 et que sa femme ne sait rien. Mais enfin c'est tout de même une information nouvelle.

Silence au bout du fil puis cette petite phrase pressée : « Je vous rappelle. »

Une demi-heure plus tard Barrenechea, après s'être vraisemblablement concerté avec ses amis, nous propose un rendez-vous.

La maison est cossue, un domestique vient nous ouvrir la porte. Notre hôte est assis dans un vieux fauteuil de cuir. Il semble être gêné, presque apeuré. Il a de bons yeux calmes et doux. Il nous regarde et se tait. Nous lui racontons notre histoire américaine. Il semble déçu. « C'est dommage », dit-il. Puis il se met à parler lentement comme si chaque mot lui coûtait :

« J'ai eu récemment une conversation avec eux. Cela a duré sept heures !

— Mais de quoi avez-vous parlé ?

— Je ne peux pas vous le dire, de philosophie, de Dieu. C'était très intéressant.

— Mais pourquoi n'avez-vous pas essayé d'enregistrer ce coup de fil, vous auriez pu l'analyser.

— Oh ! cela est inutile, ils s'en apercevraient tout de suite et après ils ne m'appelleraient plus ! »

Un peu irritées, nous ne pouvons nous empêcher d'insister :

« Mais depuis le temps que cela dure, pourquoi n'avez-vous jamais essayé, au moins une fois ?

— Nous l'avons fait, explique Barrenechea. C'était au début, en 1969. »

Tout a commencé par une étrange rencontre. Donis, un riche industriel, roulait sur la route de Valence à Madrid. A mi-chemin, près du parador d'Alarcon, il a eu la sensation que quelqu'un lui parlait, une sorte de message télépathique. Il a arrêté sa voiture, et c'est alors qu'une soucoupe volante s'est posée devant lui. Puis il a vu apparaître un être humain comme vous et moi, qui s'est approché et lui a dit : « Je m'appelle Atienza, j'ai été enlevé jadis et je reviens aujourd'hui sur la planète. » De retour à Madrid notre homme, bouleversé, a parlé partout de sa rencontre du troisième type. Il a même été interviewé par une radio locale. C'est alors que les Ummites ont entendu le message et lui ont téléphoné.

« Nous ne connaissons pas cette civilisation. Nous aimerions bien en savoir plus sur elle. Si vous les revoyez communiquez-leur notre code de reconnaissance cosmique : 1010010111-100101-101000100111. De toute manière nous aimerions bien vous rencontrer. »

Un rendez-vous fut pris. Mais Donis était un homme bavard et toute l'histoire remonta aux oreilles du groupe de Madrid. Le jour dit l'appartement de l'industriel était bondé. Chacun avait préparé une liste de questions à poser aux extraterrestres. Et le téléphone a sonné.

« Ne formulez pas de questions.

— Je ne comprends pas !

— A vos frères réunis à votre domicile nous demandons...

— Oui, oui, vous ne désirez pas...

— Nous demandons pardon, nous coupons. »

Les Ummites avaient eu vent du piège et ils n'étaient pas venus. Mais ils ont téléphoné, et l'un des participants a réussi à brancher une ventouse sur l'un des téléphones de la maison.

« Vous voyez, une conversation a été enregistrée. Et c'est pour cela que les Ummites ont coupé court. Ils savent toujours lorsqu'on les enregistre et ils s'arrêtent de parler immédiatement », conclut Barrenechea.

Que dire à nouveau ? Tout cela est complètement absurde. En tout cas nous savons maintenant qu'il y a eu au moins un enregistrement. Nous aimerions bien l'entendre.

« C'est impossible, ce n'est pas moi qui le possède. »

Nous aimerions bien aussi voir des lettres originales. Là encore c'est impossible. Elles sont à la banque, bien cachées dans un coffre.

Nous n'avions pas encore vraiment perçu la dimension de cette histoire. Mais lorsque Jorge Barrenechea nous explique qu'à son décès son fils aîné sera chargé de poursuivre sa mission (communiquer avec les Ummites) et que les lettres sont son héritage, nous avons vraiment l'impression d'une manipulation malsaine. La sensation qu'il existe de par le monde des dizaines de personnes comme Jorge, dont la vie a été bousculée par l'affaire Ummo. Pourquoi ? A quoi cela sert-il ? A qui cela profite-t-il ?

Toutes ces questions nous poursuivent tandis que nous préparons nos bagages. En passant nous nous amusons à traduire dans le système décimal le code de reconnaissance cosmique des Ummites. Résultat trois nombres — 727, 37, 2599 — qui ne nous disent absolument rien. Dommage, cela aurait pu être un numéro de téléphone. Mais cela fait déjà plus de dix ans que ces événements se sont passés et les Ummites ont dû changer d'adresse !

Le lendemain nous arrivons à Séville. Séville la toute belle avec ses orangers en fleur, se prépare pour la semaine sainte. Nous avons rendez-vous avec Ignacio Dardaude. Ce dernier n'a pas fait de difficulté pour nous recevoir. Nous venons de rencontrer un membre du club de Madrid, et ce laissez-passer suffit pour nous ouvrir les portes. Ignacio est cadre bancaire de son état. Mais cela n'a pas grande importance car sa vie est ailleurs. Il n'a qu'une passion : l'étrange. Tout ce qui touche au paranormal, des apparitions de la Vierge aux petits hommes verts l'intéresse. Ignacio a lui aussi reçu des lettres ummites. Mais Ignacio est un homme curieux. Il ne les a pas mises à la banque. Il les a photocopiées et envoyées dans le monde entier à tous les gens qui auraient pu lui donner une explication. Ignacio a aussi une autre qualité : il range, classe en permanence. Ignacio est l'archiviste de l'affaire Ummo.

Il nous reçoit chez lui. Un bel appartement tapissé de livres et de documents. L'homme est tout à fait charmant derrière ses grosses lunettes. Il nous regarde avec affection comme si nous étions tombées d'une autre planète. Au fond il est vraiment content de nous rencontrer. Deux journalistes françaises qui s'intéressent à l'affaire Ummo, ce n'est pas commun. Il plonge fébrilement dans ses dossiers. « Vous voulez voir des lettres originales, les voilà. »

Enfin ! C'est, il faut bien l'avouer, avec émotion que nous les tenons dans nos mains. L'une d'elles est encore dans l'enveloppe comme si elle venait d'arriver par la poste. Une enveloppe par avion avec un timbre de Sydney et l'adresse d'Ignacio tapée à la machine à écrire. A l'intérieur, un long texte de six pages et sur chaque page un sceau lilas : le signe ummite. Ignacio propose de nous donner des photocopies. Puis il nous offre aussi l'énorme catalogue qui répertorie toutes les lettres reçues depuis le début de l'affaire par les Espagnols. Plus de deux cents missives représentant près de mille cent feuillets qui développent des thèmes différents.

« Des fausses missives ont également circulé, mais j'ai appris à faire le tri, explique Ignacio. Le style est différent, le cachet aussi. C'est très difficile à falsifier », nous assure-t-il.

De toute manière l'archiviste de Séville ne doute pas une seconde de l'origine extraterrestre des lettres.

« Mais vous ne possédez que des lettres reçues en espagnol ?

— Non, des ufologues français en ont reçu aussi, Aimé Michel, René Fouéré, et même Jacques Vallée qui habite aux États-Unis. Je suis certain, ajoute-t-il, qu'il en existe beaucoup d'autres. Hélas ! Nous sommes les seuls à parler. Que voulez-vous, les Espagnols ne peuvent pas s'empêcher de bavarder ! »

En tout cas une chose est certaine : grâce à Ignacio et à ses photocopies, des centaines de personnes dans le monde sont au courant aujourd'hui de l'affaire Ummo. « Il faut se méfier d'eux, nous explique-t-il. Ils ne sont pas toujours très gentils. Regardez l'affaire d'Albacete (voir page 111). Eh bien c'étaient les Ummites. Mais paradoxalement, ajoute Ignacio, ils essaient aussi de nous mettre en garde contre les menaces d'une guerre nucléaire. Les armes à plasma leur font vraiment peur. »

Au début les Ummites étaient assez naïfs, ils ont même tenté d'avoir des contacts proches avec nos gouvernements, puis ils se sont aperçus que tout n'allait pas si bien sur notre Terre et ils sont devenus très méfiants. « Vous comprenez, explique-t-il, sur leur planète ils n'ont pas ces problèmes. Ummo n'a pas de dérive des continents. C'est une planète monobloc avec un seul peuple, une seule langue et un seul gouvernement. »

Dans une des lettres, les Ummites évoquent d'ailleurs cette particularité. Ummo a connu très tôt un équilibre politique avant d'avoir accès à de très hautes technologies. « Chez nous, à cause de notre diversité géographique, nous avons des hommes de couleurs différentes, de cultures différentes, de langues différentes, et nous faisons la guerre depuis toujours. » Pour les terriens, la technologie devient souvent un moyen encore plus perfectionné de s'autodétruire. « On comprend qu'ils hésitent dans ces conditions à nous transférer vraiment leur savoir. De toute manière, il faut une certaine habitude pour comprendre le message qui se cache derrière les lettres. Le style des Ummites est compliqué. Ils ne font pas d'effort pour faciliter notre compréhension. On doit s'y reprendre à plus d'une fois pour comprendre le message. Certains passages sont rayés comme si l'information avait été sélectionnée à dessein ou, disons le mot, censurée. Les Ummites signalent toujours au début de leurs lettres les personnes autorisées à étudier cette correspondance. C'est encore une précaution pour éviter que leur savoir soit divulgué à n'importe qui », conclut Ignacio.

Le soir même, nous sommes invitées à dîner chez Antonio Moya, un ami d'Ignacio, qui habite dans la banlieue de Séville. Antonio nous reçoit dans un joli appartement, entouré de sa femme et de ses deux filles. Il est aussi calme qu'Ignacio est volubile. Antonio est fonctionnaire et s'occupe des problèmes de chômage. Mais c'est avant tout un homme très cultivé, qui parle avec raffinement le français. Lui aussi est une fourmi, et il faut l'être pour avoir eu le courage de réaliser le dictionnaire de la langue ummite. Car les Ummites ne s'expriment pas qu'en espagnol. Ils emploient parfois des mots « bien de chez eux ». Peut-être qu'utiliser leur propre langue leur paraît plus facile pour développer certains concepts. Peut-être, tout simplement, veulent-ils aussi nous embrouiller un peu plus avec des expressions bizarres. En tout cas cela ne facilite pas la compréhension des textes, et l'histoire Ummo doit une fière chandelle à Antonio Moya. Car ce dernier a patiemment relevé tous les noms exotiques contenus dans les lettres. Un travail d'une dizaine d'années, sans cesse remis à jour au fur et à mesure que celles-ci arrivent. Antonio Moya a déjà recensé quatre cent trois mots ou expressions et leur a trouvé une signification. Par exemple « ibozoo uu » signifie structure de l'espace-temps, et « oemii » homme. Il a même connu son heure de gloire lorsque son dictionnaire fut analysé par une trentaine de linguistes et de spécialistes en philologie, réunis pour l'occasion en 1978. Comme Ignacio, Antonio ne doute pas un instant de l'origine extraterrestre des lettres. Et, encore une fois, devant tant de gentillesse et de naïveté, nous ne nous sentons pas le courage d'ébrécher leur rêve. De toute manière de quel droit pourrions-nous le faire ? Simplement parce que notre bon sens répète en permanence que ces lettres ne peuvent être écrites que par des humains trop humains ?

Quoi qu'il en soit nous sommes le lendemain à Barcelone à la recherche d'Antonio Ribera. Cet écrivain est bien connu du grand public espagnol car il s'est fait une spécialité de tous les phénomènes paranormaux. Il a écrit de nombreux ouvrages, dont l'un consacré à l'affaire Ummo [1]. Il est étroitement mêlé à cette affaire. Et pour cause, Antonio Ribera a reçu des lettres. L'écrivain habite dans un village sur les hauteurs de Barcelone. Nous avons toutes les peines du monde à trouver sa maison. Quand nous arrivons, il s'apprête à sortir. Il doit se rendre à un colloque sur des phénomènes très étranges, dit-il. Il nous propose de le suivre. Durant le trajet on le sent gêné, comme s'il n'avait plus envie de parler des Ummites. Il paraît surtout préoccupé par l'intervention qu'il doit faire au colloque. Nous voici arrivés. Il nous engage à écouter. La salle est pleine. Un professeur de physique de l'université de Madrid est en train d'expliquer qu'il a laissé tourner pendant plusieurs heures un magnétophone dans une maison déserte, dans laquelle une personne venait de mourir quelques jours auparavant. Puis il nous fait écouter l'enregistrement. Car un son venu d'on ne sait où (le professeur dit « imprégné dans les murs ») a impressionné la bande magnétique. On entend en effet une voix : « *No quiero morir, no quiero morir.* » (« Je ne veux pas mourir. ») De quoi donner la chair de poule aux plus téméraires. En tout cas, cela nous entraîne bien loin de l'affaire Ummo, qui paraît soudain beaucoup plus rassurante. Enfin, après ces émotions nous réussissons à récupérer Ribera et à l'installer à la terrasse d'un café.

« J'ai longtemps cru aux Ummites, dit-il. Maintenant je ne sais plus quoi penser. Tout a commencé pour moi en 1968, à l'époque je vivais à Barcelone au numéro 5 de la rue Roca y Batle. C'est à cette adresse que je reçus ma première lettre d'Ummo et mon seul coup de téléphone. Mais j'étais absent et c'est mon fils Oriol qui décrocha. Il entendit alors une voix nasillarde "Antonio Ribera, Antonio Ribera". Il répondit que

1. *Ummo, le langage extraterrestre*, Éd. du Rocher (épuisé).

je n'étais pas là et demanda qui était au bout du fil. "Ummo... Ummo...", dit une voix lointaine avant de raccrocher. Les Ummites ne m'étaient pas étrangers, car l'on m'avait déjà raconté cette curieuse histoire. Mais cette fois ils entraient directement en contact avec moi. La première lettre était oblitérée à la gare Saint-Lazare à Paris, 13 heures, le 2 septembre 1968. Il y avait une faute à mon nom : Rivera, au lieu de Ribera. L'adresse était écrite à la main en caractères d'imprimerie, comme si quelqu'un avait laborieusement copié les signes d'une machine à écrire. Elle contenait trois feuillets et, dans la partie inférieure gauche, un étrange symbole. Je sus par la suite que c'était le signe du gouvernement général d'Ummo : l'UMMOAELEWE. Il était de couleur verte, la couleur du réseau français. C'est une lettre de présentation dans laquelle il semblait vraiment craindre de bouleverser notre civilisation en donnant trop de preuves de leur existence (voir page 182).

« La deuxième lettre que je reçus est encore plus étonnante. Elle était datée du 26 juillet 1969 et portait le tampon de Piedralaves, un lointain village perdu dans la Sierra de Gredos près d'Avila. Cette fois mon nom était correctement orthographié, et l'adresse tapée à la machine. Quelques jours auparavant, le 21 juillet 1969, Neil Amstrong avait marché sur la Lune. Et c'était une lettre de félicitations ! Si l'on en croit les Ummites, ils avaient adressé dix-huit copies en français, anglais, russe, espagnol, italien, allemand. Le texte est très court :

« "Hommes de la Terre, nous avons contemplé avec un profond respect cette étape de votre progrès technologique : la rupture du cordon ombilical qui vous permettra de quitter votre mère pour explorer votre Galaxie. Les membres expéditionnaires de l'astre solidifié Ummo vous saluent avec émotion."

« Par la suite je reçus de nombreuses missives qui me frappèrent par leur rigueur, leur honnêteté et leur énorme érudition. A mon avis, si les Ummites ne sont pas des extraterrestres, c'est une équipe de spécialistes très savants qui a rédigé ces textes. J'ai longtemps penché pour la première alternative, et cela m'a entraîné très loin. »

Antonio Ribera est parti d'un grand éclat de rire avant de nous raconter une incroyable aventure.

« Nous étions en 1974 et, comme toile de fond assez sombre, se profilait la guerre entre Israël et les États arabes, et le conflit URSS-USA. On avait l'impression que la planète était au bord de la guerre nucléaire. C'est alors que le groupe de Madrid appela l'un de mes amis que vous devrez rencontrer, Rafael Farriols. Le groupe venait de recevoir une étrange communication des Ummites. Il devait se rendre d'urgence dans la capitale car l'heure était grave. Le club lui remit des documents que Farriols me montra. C'était une lettre de deux feuillets d'Ummo. Elle disait en substance que, selon leurs estimations, le seuil de 28 % d'une possible guerre nucléaire avait été atteint. Les Ummites, qui sont des gens prudents, considéraient ce seuil comme critique, et par conséquent ils abandonnaient notre planète. Ce message expliquait aussi que les Ummites disposaient de trois abris antiatomiques sur la Terre. Un en France, l'autre en Yougoslavie, le troisième en Espagne. Ils proposaient à leurs amis espagnols de s'y réfugier. Les abris étaient équipés pour pouvoir tenir deux ans, durée d'isolement qu'ils estimaient nécessaire avant de pouvoir affronter la contamination de la Terre. Puis venait la liste des personnes choisies, les moyens pour parvenir au refuge et les équipements à apporter. Les femmes enceintes, les enfants en bas âge et les personnes âgées étaient exclus. Entre autres choses je me souviens qu'il nous était interdit d'apporter des équipements en titane, comme si ce métal était courant sur la Terre ! Les indications pour atteindre les refuges étaient assez compliquées. »

Dans une boîte postale les heureux élus trouveraient des dispositifs auditifs qui leur indiqueraient la route à suivre. A cette lettre était jointe un étonnant message chiffré, qui permettait de découvrir et d'ouvrir cette boîte postale. « Enfin, ils nous indiquaient que des agents ummites avaient réussi à infiltrer les bases de missiles soviétiques et américaines. C'est eux qui en cas de conflit imminent étaient chargés de prévenir un correspondant ummite résidant à Bilbao, en lui disant simplement : "Ta tante Marguerite est très malade." Ce correspondant était alors chargé à son tour de nous téléphoner pour nous donner la clé du code, afin de décrypter le message secret. Ces révélations firent plus que nous impressionner. On était véritablement tous bouleversés. Ma femme et moi étions particulièrement angoissés à l'idée d'abandonner notre petit-fils David, alors trop jeune pour faire le voyage avec nous. Pendant quelques heures nous avons vraiment vécu la fin du monde. Puis nous avons commencé à réfléchir et à nous dire que leurs agents n'auraient pas le temps de nous téléphoner. L'idée nous a soudain semblé absurde. Comment imaginer, en effet, un agent américain ou soviétique qui demande l'autorisation de téléphoner en Espagne juste avant que l'on presse sur le bouton ! Et le temps que l'on déchiffre le message, que l'on trouve la boîte postale, que l'on se rende au refuge, la guerre aurait été de toute manière terminée. Ces considérations nous rassurèrent un peu. Mais nous ne fûmes vraiment calmés que lorsque la menace nucléaire s'est éloignée. »

Rafael Farriols avait également reçu une enveloppe bleue à n'ouvrir qu'en cas d'urgence. Comme rien ne se passa, il détruisit cette missive sans l'ouvrir. Il respectait ainsi les instructions des Ummites. « Mais c'est dommage, car nous ne saurons jamais ce que contenait cette lettre ! »

Antonio Ribera vient de lever les bras au ciel, dans un grand geste d'impuissance... « Ils sont très forts, dit-il. Puis il ajoute : Un de mes amis, qui travaille pour les services secrets espagnols, m'a raconté une autre anecdote. Il y a quelques années, deux hommes qui se faisaient passer pour des Suédois ont été arrêtés à un poste frontière espagnol. En plein été ils portaient des cols roulés et s'exprimaient d'une voix rauque avec difficulté. Or, les Ummites sont grands et blonds, et sont atteints d'une étrange atrophie des cordes vocales. Mais c'est parce que leurs passeports paraissaient faux que le douanier a téléphoné au poste central pour vérifier leurs numéros. On lui a alors répondu de ne pas s'occuper de cette affaire et de laisser passer immédiatement les deux personnages. A mon avis c'étaient des Ummites, et la police était au courant de l'affaire et les a laissés passer. Je suis sûr qu'à un moment donné tous les services secrets se sont intéressés à cette histoire. En tout cas, moi, je n'ai jamais rien voulu cacher. Et j'ai toujours insisté pour que l'affaire devienne publique. Par exemple avec Farriols, nous avons organisé en 1971 à Madrid le premier symposium sur Ummo. Le second a eu lieu en 1973 à Barcelone (voir chapitre 9). Le club de Madrid était présent, ainsi que des journalistes et des scientifiques espagnols et étrangers. Nous avons lu à haute voix toutes les lettres que nous possédions durant le premier symposium. Cela a duré plus de trente heures. Pour le second nous avions retenu un thème unique "Fonction de l'homme dans le cosmos", avec des textes philosophiques, religieux ou sociaux. Et les lettres ont même été publiées sous la forme d'un ouvrage de deux cent dix-neuf pages. »

La nuit commence à tomber, il est l'heure de nous séparer. De toute manière, il doit rester encore deux jours au congrès pour écouter les voix de l'au-delà. L'affaire Ummo est une si vieille histoire et il y a tant d'autres choses mystérieuses à découvrir sur la Terre... Une vieille histoire ? Pas tant qu'il veut bien le dire. La dernière lettre authentique date de janvier 1991.

Le lendemain, suivant le conseil de Ribera, nous prenons rendez-vous avec Rafael Farriols. Son épouse Carmela vient nous chercher dans un petit village perdu sur les hauteurs de Barcelone. Elle arrive dans une Jeep et nous explique que c'est le moyen pour rejoindre leur maison. Et pour cause, les Farriols habitent dans un véritable nid d'aigle quelque part au sommet d'une des collines de Barcelone. Nous voilà transbahutés à travers des chemins boueux. Nous traversons leur ranch où des animaux vivent en liberté. Au sommet de la propriété, une grande maison et, sur le toit, comme un énorme paratonnerre, le signe Ummo. Rafael Farriols nous attend devant la porte de la propriété. Il est chef d'une entreprise spécialisée dans la fabrication de polymères. Rafael Farriols est un homme riche. Le principal moteur financier de toute l'histoire. C'est lui qui a racheté toutes les lettres de Sesma, lui qui s'est occupé de l'organisation des colloques et qui a financé les quelques investigations qui ont été réalisées par les Espagnols. Rafael Farriols n'est pas un passionné des extraterrestres, il ne s'intéresse guère à l'ufologie, la seule chose qui le passionne, qui occupe sa vie depuis vingt ans, c'est l'histoire Ummo. Il est actuellement le principal destinataire des lettres. Celui aussi qui est le plus souvent en contact téléphonique avec eux. Toute sa famille vit au rythme des Ummites, de son plus jeune fils qui a fabriqué un appareil pour respirer des concerts d'odeurs comme cela se fait sur Ummo jusqu'à sa femme qui les a souvent au téléphone et qui se pince le nez pour imiter la voix ummite, sans parler de la belle-mère silencieuse mais dont les yeux brillent quand on commence à parler de l'affaire. Il a même baptisé deux de ses entreprises, l'une du doux nom IBOZOO et l'autre OEMI S.A.

Farriols nous reçoit autour de sa piscine et nous offre quelques tapas. « Il n'y a pas que mon fils qui s'amuse à copier les Ummites. Un de mes amis de Madrid a aussi réalisé un appareil de photo en relief en suivant les instructions des lettres. On peut se le permettre, les Ummites sont de vieux amis. Ils nous ont informés de l'existence d'agents de la CIA, qui les traquaient. Ces derniers nous espionnaient aussi. Ce sont les Ummites qui nous ont prévenus, ils nous ont même dit où se trouvaient les micros. Et je les ai effectivement découverts sous une table ! »

A n'en pas douter Farriols est vraiment en très bons termes avec eux ! En voici pour preuve cette histoire stupéfiante qu'il nous raconte avec force détails !

Il y a dix ans sa secrétaire est tombée malade. Cancer généralisé, elle est condamnée par la science. Au cours d'une conversation avec les Ummites, Farriols leur a raconté le malheur qui venait de les toucher. Les Ummites lui répondirent : « On va tenter de faire quelque chose mais nous ne pouvons rien vous assurer, nous ne faisons pas de miracle. » Quelques jours plus tard, la secrétaire est seule chez elle, allongée sur son lit, elle se sent au plus mal, quand elle entend un drôle de bruit, comme un moteur qui ronronne. Épuisée, elle s'endort. Le lendemain elle est guérie, plus la moindre trace de tumeur. Cela a été vérifié par plusieurs médecins, explique Farriols. Quelques jours plus tard, MM. les Ummites rappellent. Farriols leur raconte l'aventure et voilà ce qu'ils déclarent : « Nous avons fait fonctionner notre machine qui détruit les cellules malsaines en se calant sur leurs longueurs d'ondes. Nous sommes très heureux du résultat car cela ne marche pas toujours. » Il existe dans la littérature médicale de nombreux cas de rémission spontanée mais à dire vrai nous n'en connaissions pas qui fussent provoquées par des « extraterrestres ! ».

Farriols nous entraîne maintenant dans son séjour. Dans un coin de la pièce, un petit coffre attire notre regard. « C'est là qu'elles se trouvent ! » explique l'homme d'affaires. Il est allé chercher la clé et ouvre le coffre ; à l'intérieur, rangées dans des dossiers transparents, des centaines de feuillets : les lettres d'Ummo. Il nous laisse à peine les toucher. Et nous explique qu'il possède toute une série de missives qu'il ne peut divulguer, les Ummites ayant donné des dates pour rendre publiques leurs lettres. « Il y a là-dedans des documents très importants, vous verrez. » Pour l'instant nous n'en saurons pas plus. Farriols a dû sentir notre déception, car soudain il s'esclaffe : « Voulez-vous entendre la voix des Ummites ? » Si nous voulons l'entendre ! Nous montons quatre à quatre l'escalier qui conduit à son bureau. Bureau que je soupçonne fort d'ailleurs d'être consacré uniquement à l'affaire Ummo. Il branche un magnétophone, et une voix nasillarde, assez désagréable, emplit l'espace. Nous entendons la conversation avec Donis, l'industriel valencien. Nerveusement, nous éclatons de rire. Mais Farriols, très sérieux nous reprend : « Vous savez cette voix a été analysée, et elle ne correspond à rien d'humain ! » Voilà une révélation importante et comme nous doutons encore, l'industriel sort de l'un de ses tiroirs un petit dossier. Il nous montre d'abord le sonogramme réalisé par un laboratoire français puis les remarques faites à l'occasion par un phonéticien.

La voix est anormalement étendue dans les graves. « Ce qui, explique-t-il, est étonnant car les microphones adaptés sur les téléphones ne passent pas normalement de telles fréquences. A moins que les Ummites se branchent directement sur les lignes sans avoir besoin du combiné, comme ils le précisent d'ailleurs dans leurs lettres. »

La voix est en revanche très pauvre dans l'aigu. « C'est normal, ajoute Farriols. Les Ummites ont écrit eux-mêmes que leur organe vocal ne montait pas aussi haut que le nôtre. »

Enfin remarque essentielle, l'enregistrement est, si l'on en croit l'expert consulté, du *recto tono*, autant dire une voix qui n'a rien d'humain. Peut-être une voix de synthèse ou recomposée, « mais dans ce cas-là, il est difficile de soutenir un dialogue », conclut notre hôte. On pourrait objecter que la conversation enregistrée ne ressemble guère à un dialogue, mais le fait est tout de même troublant. Assez pour que nous quittions Rafael Farriols, sur un point d'interrogation. Son épouse nous raccompagne. Tandis que la Jeep redescend à toute allure le chemin escarpé, le sigle Ummo sur le toit de la propriété continue à nous narguer encore longtemps dans le ciel de cette fin d'après-midi de printemps.

Le soir même nous rentrons à Paris. Dans l'avion, nous sablons le champagne, à travers les bulles nous observons les autres passagers. Des grands blonds à la voix rauque se cacheraient-ils parmi eux ? Celui-là, qui nous regarde, a vraiment un air bizarre. Et le petit dans le coin, qui fait semblant de lire, il écoute toute notre conversation... A l'arrivée à Paris, en montrant mon passeport, je glisse discrètement cette phrase fondamentale au policier qui me regarde médusée : « Méfiez-vous, les envahisseurs sont de retour ! »

Le lendemain, je me réveille avec un mal de tête terrible, et une tonne de documentation à étudier. Le récit des atterrissages, le détail de l'affaire d'Albacete et des lettres ummites qu'il faudra soumettre à des scientifiques. Mais un point me tracasse toujours. Pourquoi seuls les Espagnols ont-ils parlé ? Où se cachent les autres destinataires des lettres ? Pour le savoir je ne vois qu'une solution : lancer une bouteille à la mer. En d'autres termes prendre contact avec le maximum d'associations d'ufologues. Si les Ummites ont écrit à Sesma, c'est parce qu'il s'intéressait aux extraterrestres. Peut-être ont-ils choisi la même démarche avec d'autres ufologues à travers le monde. Nous employons les jours qui suivent à écrire à une centaine de groupes ufologiques, basés essentiellement en Grande-Bretagne et aux États-Unis. Et l'attente commence ; lentement les réponses commencent à arriver. Et à la fin il faut bien se rendre à l'évidence : elles sont, hélas, toutes négatives. Bien sûr la plupart des groupes connaissent l'affaire UMMO, grâce à des articles dans la presse espagnole ou à la correspondance attentive d'Ignacio. Mais aucun des ufologues que nous avons contactés n'a personnellement reçu de lettre. En revanche ils nous parlent tous, comme il se doit, de leurs propres extraterrestres tous plus intéressants les uns que les autres, mais des Ummites, nenni. Nous n'avons peut-être pas écrit aux bons interlocuteurs. En désespoir de cause, nous téléphonons à Jean-Jacques Pastor, l'homme qui a traduit les lettres ummites en français. Il nous apprend qu'il possède, lui, des lettres reçues par trois groupes ufologistes italiens, un groupe mexicain et la revue anglaise *Fly Saucers*. Ce sont des textes de présentation, les mêmes que ceux reçus par les Français. Mais cela prouve bien qu'au moins les Ummites ont tenté leur chance dans le milieu ovni. Tout cela ne nous mène pas très loin, et je commence à désespérer, quand apparaît une nouvelle piste.

En ouvrant par hasard un journal *Fusion*, dirigé par un certain Lindon Larouche, je ne peux m'empêcher de sauter de joie (malgré la personnalité très louche de ce personnage). A ma grande surprise, dans l'un de leurs numéros consacrés à la médecine du futur, je découvre tout un article exposant des recherches allemandes sur la biophysique et surtout détaillant le fonctionnement d'un appareil électromagnétique du traitement des cancers qui ressemble fort à celui décrit par les Ummites. L'article est rédigé par un médecin allemand. Il parle des travaux d'un certain Fritz Popp. Il s'intitule : « L'optique biophysique, mieux comprendre la vie pour mieux lutter contre les maladies ». Nous sortons enfin vraiment de l'enfermement espagnol. Fort excitée, je téléphone au responsable du réseau français du journal. Celui-ci me reçoit sans problème et écoute fort attentivement mon histoire. « Il y a peut-être des gens qui se servent de nos travaux, conclut-il, car je n'ai jamais entendu parlé de ces lettres. » Cependant il me promet de prendre contact le plus tôt possible avec le rédacteur de l'article en question. Quelques semaines plus tard, je reçois la réponse : négative. L'auteur de l'article qui habite Düsseldorf affirme n'avoir jamais entendu parler des Ummites. Pourquoi dirait-il le contraire ? Notre unique preuve se trouve dans la similitude des textes, ce n'est peut-être, après tout, qu'une étrange coïncidence. Et de toute manière le scientifique allemand ne doit pas être le seul à travailler dans cette direction d'avant-garde. Étonnant pourtant que les Ummites parlent de ce type de médecine dans des lettres qui ont plus de vingt ans d'existence... Étrange, aussi cette affaire dont tous les fils vous glissent entre les doigts dès que vous cherchez à en tirer un. Heureusement, il nous reste des lettres bien concrètes et des faits que nous allons maintenant explorer. Tout en attendant que le destin nous donne un coup de main. On verra dans la suite de cette histoire qu'il ne nous a pas laissées tomber.

3.

AUTOPORTRAIT GALACTIQUE

Au risque de décevoir les fans de science-fiction et de rencontres du énième type, il faut bien dire que les Ummites ne sont ni des petits hommes verts avec une antenne sur la tête, ni d'énormes pieuvres aux multiples tentacules, ni des androïdes au regard froid et sans âme. Rien à voir avec les martiens d'opérette. Non, ces « êtres humains », comme ils aiment à se présenter, sont des gens très ordinaires. Même vus de près, ils ne diffèrent de nous que par d'infimes détails extérieurs. Dans l'ensemble, ils sont à peine plus grands que la moyenne, blonds, la peau claire, ce qui leur permet de passer presque inaperçus parmi nous. On pourrait les prendre pour des Scandinaves.

Pourquoi une si forte ressemblance, comme si les auteurs de cette description ne pouvaient se défaire de l'anthropomorphisme qui marque nos consciences terriennes ? Cette similitude s'expliquerait par la nature même de la vie. D'après eux, lorsqu'une planète offre la possibilité du développement de la vie, celle-ci prend toujours à peu près des formes identiques. Quand les conditions s'y prêtent, elle évolue vers des formes complexes ; sinon, elle reste au stade des micro-organismes. Ces formes, disent-ils, « doivent toujours être compatibles avec un modèle universel qui ne tolère seulement que des variations circonstancielles et superficielles ». C'est ainsi qu'ils affirment n'avoir jamais rencontré de différences essentielles entre les diverses formes de vie évoluée qu'ils ont rencontrées au cours de leurs pérégrinations cosmiques. Tout au plus des « différences de stature, d'épiderme, certains organes plus développés ou des boîtes crâniennes et des surfaces encéphaliques plus ou moins étendues ». Ils parlent aussi de l'universalité des systèmes nerveux et circulatoires, des structures osseuses et des tissus qui peuvent avoir des aspects différents mais sont tous bâtis sur des bases physiologiques et cellulaires communes, au moins dans les grandes lignes. Cette idée qu'il existe « des conditions nécessaires pour que soit possible la genèse d'êtres rationnels à partir d'êtres vivants inférieurs » est tout à fait inconcevable dans le cadre actuel de nos connaissances terrestres. Les Ummites ne nous donnent malheureusement rien de vérifiable en ce qui concerne ces lois. Nous vous en reparlerons plus loin.

Sous leur apparence très humaine, nos amis extraterrestres cachent quelques particularités épatantes. Dans leur cerveau, la substance grise est plus importante que la substance blanche dans un rapport qui dépasse 17 %. Sont-ils plus intelligents que nous ? On pourrait le croire au vu de leurs performances scientifiques et techniques dont la moindre n'est pas d'être parvenus jusqu'à notre planète. C'est une simple impression, car les renseignements qu'ils nous fournissent sur leur cerveau ne suffisent pas à établir une comparaison en matière d'intelligence. Autre atout de nos visiteurs : leur hypophyse produit deux hormones dont nous sommes dépourvus. Mais il y a une justice dans ce cosmos impitoyable : nous aurions « une meilleure stabilité et fixation de la mélanine cutanée ». Ces pauvres Ummites sont sujets à des variations intempestives de la couleur de la peau dans certaines régions du corps qu'ils se gardent bien de nous indiquer de crainte de nous donner ainsi les moyens de les démasquer. Tout cela ne serait pas très grave si les Ummites n'étaient affligés d'une atrophie de l'épiglotte qui survient en général vers l'âge de seize ans. Doublée de celle des cordes vocales et du muscle thyroïdien, cette atrophie laisse les ados d'Ummo sans voix, ou presque. Heureusement, quelques individus exceptionnels sont doués d'un appareil phonatoire à peu près opérationnel. Nos visiteurs ont donc été sélectionnés parmi ceux-là. Les autres ne souffrent pas vraiment de cette déformation physique, car ils ont recours à des prothèses très bon marché sur leur planète. Un peu comme nous portons des cristallins artificiels — les lunettes — pour corriger nos troubles visuels. Pour les Ummites, le manque de voix ou sa faible portée est d'autant moins gênant qu'ils ont l'avantage de savoir communiquer par télépathie, ce qui, il faut l'avouer, est très pratique.

Ce mode d'expression, résultat d'une découverte due à des savants ummites de haut niveau fait appel à ce qu'ils nomment l'âme collective et l'âme individuelle. Cette dernière envoie ses messages à l'âme collective qui les répercute vers le destinataire. Précisons au passage que les Ummites prétendent détenir des preuves scientifiques de l'existence de l'âme. Rien à voir avec une quelconque mystique. Il s'agirait d'une réalité incontournable et parfaitement mesurable. Mieux : elle serait douée d'une faculté de communication tout à fait opérationnelle, à condition de savoir s'en servir. Et cela n'a pas l'air simple. Principal avantage de la télépathie à la mode E.T. : on peut prendre contact avec ses semblables sur de très grandes distances. Les Ummites avouent cependant que l'établissement de la communication télépathique entre deux individus prend un certain temps. Ceci empêche qu'elle soit utilisée trop souvent et dans des situations d'urgence. On imagine facilement qu'une telle technique de communication doit demander un niveau de concentration élevé. L'interlocuteur doit être d'autant plus difficile à contacter qu'il est préoccupé par une activité très prenante ou une démarche intellectuelle intense à l'instant où l'on cherche à entrer en communication avec lui.

L'autre inconvénient de la télépathie provient de sa relative pauvreté thématique et logique. Il semble qu'on ne puisse avoir ainsi de discussions très approfondies, l'échange étant limité à des idées simples et pratiques.

Il est un autre domaine d'expression familier des Ummites qui, lui, ne nous est pas totalement étranger : les odeurs. Nos extraterrestres préférés ont du nez. Le plus fin limier n'a rien à leur envier. Ils sont en fait atteints d'une véritable hyperosmie, la moindre odeur ne peut leur échapper. Leur épithélium olfactif est d'une sensibilité extraordinaire. Il contient des cellules sensorielles « de quatre types, précisent-ils, trois ciliaires et une sphéroïdale ». On imagine leur souffrance quand ils doivent prendre le métro ! Mais nos amis d'outre-Galaxie savent tirer mille plaisirs de ce don épatant : eux qui sont peu versés dans les arts plastiques sont en revanche des artistes de l'odeur. Ils pratiquent l'IAIQUEAI, un art subtil qui consiste à composer de véritables symphonies olfactives, des concerts d'odeurs qui rassemblent les foules d'Ummo lorsqu'un grand maître se produit. Ils ont leurs Paganini locaux, authentiques virtuoses de la fragrance, leurs Mozart du parfum, créateurs intarissables de tableaux odorants et de multiples gammes aromatiques.

La sensibilité des Ummites se situe aussi aux extrémités : leurs doigts sont capables de distinguer des seuils de vibrations qui laisseraient les humains parfaitement insensibles. Mieux : leurs mains, dans la partie la plus externe de l'épiderme est sensible aux radiations électromagnétiques de très haute fréquence. Ils sont capables d'identifier les sources lumineuses grâce à leurs poignets. Les paumes de leurs mains aussi sont photosensibles. On comprend mal comment l'évolution biologique sur Ummo a pu donner un tel résultat. Cette faculté offre cependant de nombreux avantages, comme, par exemple, la possibilité de voir les yeux fermés et, si ce n'est dans le noir, au moins dans une semi-obscurité.

Extérieurement, on ne voit donc pratiquement pas de différence. D'ailleurs les YIE — c'est ainsi que l'on appelle les femmes ummites — sont aussi séduisantes que les terriennes. Seul leur fonctionnement endocrinien se distingue légèrement du nôtre. Leur cycle menstruel dure quarante-deux jours et les YIE n'ont pas d'hymen. Mis à part ces détails rien ne semble devoir s'opposer à un croisement ummite-terrien, mais nos visiteurs se l'interdisent et affirment n'avoir jamais tenté l'expérience. On les croit d'autant plus volontiers qu'ils savent que le fruit de cette union galactique serait affligé de tares profondes, en particulier au niveau cérébral.

Les Ummites sont très pudiques. Une éducation stricte leur apprend dès le plus jeune âge qu'ils ne doivent jamais se montrer nus, sauf devant leur conjoint. La nudité provoque ainsi, chez les deux sexes et quel que soit celui qui est en face, un profond plaisir sexuel et une irrépressible érection chez les GEE, les mâles. Les jeux érotiques sont cependant moins riches que les nôtres car les Ummites n'éprouvent aucun plaisir particulier lors de caresses sur les bras, les pieds, les lèvres, le cou ou les mains. Pour eux, le baiser n'a pas de sens. Le plaisir est surtout localisé dans la région des organes sexuels, des fesses, du ventre, du dos et des seins.

Alors que chez nous l'accélération provoque des nausées au point de devoir subir un entraînement quotidien pour supporter le pilotage d'une voiture de course ou d'un avion de combat, les Ummites, eux, en retirent une excitation sexuelle évidente. C'est même une sensation très recherchée. Autrement dit, que ce soit en ascenseur, en voiture ou dans une fusée, c'est avant tout contre la jouissance qu'ils doivent se défendre pour garder le contrôle du pilotage. A leurs yeux, les fêtes foraines doivent avoir des allures de lupanars ! Et cela doit être assez mal vu : les Ummites ne semblent pas très portés sur la gaudriole. Il faut dire qu'ils reçoivent une éducation des plus sévères. L'enfant reste à la charge de la famille jusqu'à treize ans et demi. Ensuite, il entre sous la coupe du conseil d'Ummo — le gouvernement planétaire. Les jeunes sont alors envoyés dans de grands centres d'enseignement, véritables villes conçues à leur mesure. Tout y est prévu pour une intégration optimale de l'individu dans la société. L'éducation consiste « à les fondre dans le milieu social » de l'établissement, qui constitue un « modèle de la société globale ». L'éducation ummite se veut scientifique. La maturation de l'enfant est sans cesse évaluée par les ordinateurs chargés de contrôler en permanence le fonctionnement de la planète. Chaque individu reçoit un enseignement exactement adapté à son rythme de développement. Toute cette rationalité, cette efficacité, laissent un sentiment de tristesse. Et si les terriens, aussi mal organisés soient-ils, s'amusaient mieux et tiraient bien plus de plaisir de leur vie imparfaite ? Ces extraterrestres, toujours sérieux et raisonnables ne semblent pas connaître le moindre vice. En tout cas, ils ne s'en vantent pas. Une société aussi policée, sans la moindre fantaisie — sauf dans les plaisirs du nez — manquerait certainement de piquant à nos yeux. Mais revenons à la formation des jeunes extraterrestres. L'éducation sexuelle fait partie de leur cursus depuis toujours. Les Ummites, disent-ils, ignorent les tabous dans ce domaine. Cela paraît en contradiction avec la peur panique qu'ils éprouvent à l'idée d'exposer leur nudité devant des inconnus, alors que cela est censé provoquer chez eux un profond plaisir. Ainsi, la mise à nu est la plus grave punition qui puisse être infligée à un Ummite. Lorsqu'un supérieur recourt à ce procédé, il doit être sûr du bien-fondé de sa décision. Si son acte entraîne des doutes et des protestations, il risque une lourde peine. Peut-on punir en s'exposant en public à un plaisir sexuel ? Voilà des mœurs et une psychologie bien étranges qui s'épanouissent sur une planète pas très drôle.

PETIT PRÉCIS DE GÉOGRAPHIE UMMITE

Ummo ne ressemble pas beaucoup à la Terre. Elle n'a qu'un seul continent qui occcupe 38 % de sa surface, le reste étant occupé par un immense océan. Ummo ne connaît pas la tectonique des plaques, ce phénomène mieux connu sous le nom de dérive des continents. Alors que la Terre est le théâtre permanent de mouvements telluriques puissants auxquels on doit l'existence des montagnes, Ummo reste d'un calme désespérant. Seuls quelques volcans et des torchères gigantesques alimentées par de profondes poches de méthane d'origine non biologique [1] viennent troubler cette monotonie géographique. Cette configuration assez courante — dans notre système solaire, seule la Terre présente ce phénomène de dérive des continents [2] — a

1. Le méthane n'est pas toujours le résultat de la décomposition de la matière biologique comme celui que l'on trouve dans le sous-sol terrestre. Il est possible que ce gaz ait fait partie des éléments constitutifs de la planète lors de sa formation, ce qui expliquerait sa présence à 80 km de profondeur. Certains géophysiciens supposent même la présence d'une grande quantité de méthane à plus de 100 km de profondeur sous terre.

2. La rareté des phénomènes de dérive des continents dans le système solaire n'est connue que depuis peu de temps grâce aux différentes sondes interplanétaires qui ont exploré la banlieue de notre planète. A l'époque où les lettres ummites faisaient état de curiosité terrestre, personne sur Terre n'aurait pu en préjuger.

des conséquences fondamentales sur la société qui s'est développée à sa surface.

Chez nous, la dérive des continents est en partie responsable de la formidable diversité biologique qui règne à la surface du globe. Quelques espèces ayant connu un développement simultané dans des conditions géographiques assez similaires se sont trouvées ensuite séparées par des mers ou des océans, évoluant alors chacune de leur côté sans aucun contact. C'est une des raisons pour lesquelles nous connaissons des races différentes, des langues sans racines communes. C'est aussi pour cela que certaines espèces sont inconnues d'un continent à l'autre.

Rien de tout cela sur Ummo. La variété des espèces biologiques y est beaucoup plus faible, assurent-ils. Dans ces conditions, la société des Ummites est très vite devenue planétaire, avec un seul gouvernement, une langue unique et une seule religion. Les Ummites ignorent les particularismes régionaux, tout comme le nationalisme. Voici donc pourquoi ils ne connaissent pas la guerre. Ce qui est encore impensable sur terre où les nations défendent toujours âprement leurs prérogatives territoriales et économiques, la moitié nord de la planète maintenant la partie sud dans la misère.

Voici comment les habitants d'Ummo décrivent leur planète dans une lettre parvenue en 1965 à Antonio Ribera (citée dans *Ummo : le langage des extraterrestres*).

Nous sommes originaires d'un astre solidifié dont les caractéristiques géologiques externes diffèrent un peu de celles de la Terre. Le phonème topique au moyen duquel nous désignons notre « OYAA » peut se transcrire en espagnol de la manière suivante : UMMO (U : fermé) [1]. Sa morphologie peut être assimilée à un ellipsoïde de révolution dont les rayons sont :

$$\text{Maximum, } R = 7\,251{,}608.10^3 \text{ m}$$
$$\text{Minimum, } r = 7\,016{,}091.10^3 \text{ m}$$

La masse globale est de : $m = 9{,}36.10^{24}$ kg masse.

1. En espagnol : prononcer « OUMMO » *(NdT).*

Inclinaison par rapport à la normale du plan écliptique : 19° 39' 56,3'' (avec une variation périodique de 19,8 secondes sexagésimales d'arc). (Nous utilisons des unités de mesures familières aux techniciens de la TERRE.)

Accélération de la gravité (mesurée en AINNAOXOO) : $g = 11,9\ m/s^2$.

Rotation sur son axe : 30,92 heures (nous mesurons en IUW, 30,92 heures = 600 IUW) (cela équivaut à 1 XII).

(Le phonène XII est un mot homophone qui exprime aussi bien la durée du « jour d'UMMO » qu'un « cycle », une « révolution », une « rotation unitaire », etc.).

La structure géologique de UMMO présente des caractéristiques différentielles très accusées par rapport à la Terre.

On peut distinguer neuf XOODIUMMOO DUU OII (pouvant se traduire par strates ou couches en relation) qui présentent des caractéristiques géophysiques très classifiées. La discontinuité entre ces strates n'est pas brutale, il existe des couches de transition d'épaisseur variable. La figure 1 montre une section de notre OYAA (planète) reflétant les épaisseurs des XOODUIMMO. La composition chimique de ces strates est très variable. Par exemple XOODIUMMO UO, avec une densité de $16,22\ g/cm^3$ (unité de la TERRE) possède les éléments (qui vous sont familiers) suivants :

Cobalt	88,3 %
Nickel	6,8 %
Fer	2,6 %
Vanadium	1,2 %
Manganèse	0,7 %

Une enveloppe supérieure, la XOODIUMMO IAAS, présente en revanche une composition notablement différente :

Fer	52 %
Cobalt	33,5 %
Nickel	12 %
Manganèse	2,1 %
Silicates métalliques	0,3 %

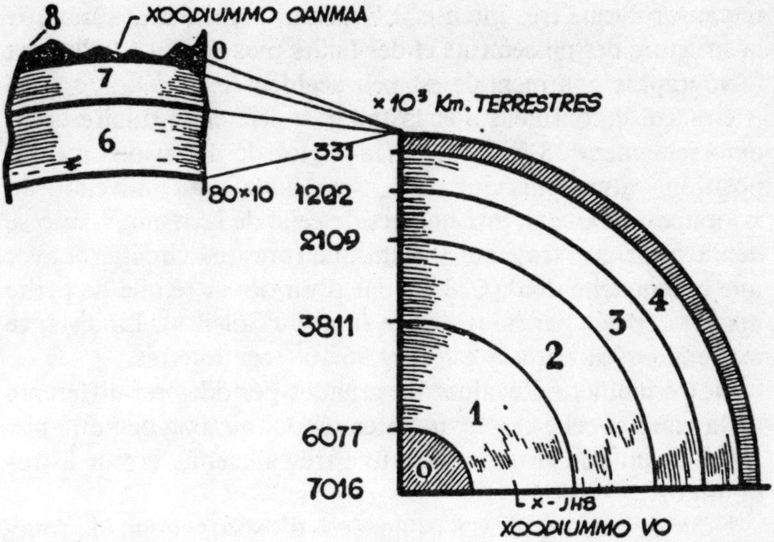

Fig. 1

Les couches solides précédentes, soumises à une grande pression, sont entourées par XOODIUMMO IEN et XOODIUMMO IEBOO en phase semi-fluide, avec une grande abondance d'oxydes de titane, silicates de fer et composés divers d'aluminium et de magnésium.

Une des phases sphéroïdes la plus importante est la 6ᵉ (couche d'UMMO n° 5), elle possède une épaisseur approximative de 28,8 KOAE (environ 251 km). Avec de grandes couches diamantifères, elle a une structure alvéolaire où demeurent encore d'énormes IOIXOINOIYAA (concavités géologiques) dans lesquelles, préservées des hautes pressions que subissent les zones contiguës, existent d'énormes quantités de substances organiques solides, liquides et gazeuses, principalement du méthane, du propane et de l'oxygène. La principale activité, que vous appelleriez vulcanologique, se manifeste dans les OAKEDEEI qui lancent jusqu'aux couches atmosphériques de grandes colonnes ignées de ces gaz.

Les dernières enveloppes XOODIUMMO OANA 'OANMAA subirent, en des temps lointains, des processus organiques de type métamorphique très intense. L'érosion, cependant, a modifié la structure des plissements et des failles plus accusées, tellement l'orographie continentale est peu accidentée.

Un seul « continent » et la faible superficie insulaire occupent seulement 38 % de la surface globale d'UMMO. La composition atmosphérique est semblable, au niveau du XOODIUMMO OANMAA aux normes de celle de la TERRE, UMMO se déplace sur une trajectoire elliptique (presque circulaire) avec une excentricité de 0,0078 autour d'un OOYIA (étoile de petite masse) appelée par nous IUMMA (notre « Soleil »). La distance moyenne UMMO-IUMMA est de $9{,}96.10^{12}$ centimètres.

Notre manière d'évaluer les grandes périodes est différente de la vôtre et celle-ci s'est maintenue tout au long de notre histoire, ayant son origine dans une très ancienne erreur astronomique.

Nous définissons le XEE (« année » d'UMMO) comme la fonction 1/18 de la translation de notre OYAA autour de IUMMA (actuellement le phonème XEE est aussi synonyme de « Trajectoire cyclique »).

Nos anciens « cosmologues », ignorant que le plan de l'écliptique d'UMMO possédait une orientation distincte de celle de la seconde OYAA qui tourne autour d'IUMMA et qu'ils prenaient pour référence, ont conclu que la trajectoire d'UMMO était duplo-hélicoïdale (figures 2 et 3) sur la superficie d'un cylindre imaginaire.

Ils crurent aussi que notre OYAA décrivait trois translations descendantes — fig. 2 — et trois autres montantes — fig. 3 —, pour compléter un cycle. Un XEE (« année » d'UMMO) équivaut à 0,212 année terrestre.

Nous pouvons véritablement définir maintenant le XEE comme 1/3 de la période de translation authentique. Six périodes équivalent donc au très ancien XEEUMMO = 18 XEE.

IUMMA est une étoile de masse $1{,}48.10^{33}$ grammes terrestres. La distance qui la sépare du SOLEIL était, le 8 juillet 1967, de 14,421 années-lumière.

Il n'est pas facile d'identifier notre OOYIAA sur les tables astronomiques terrestres. Ceci est dû au fait que nos spécialistes

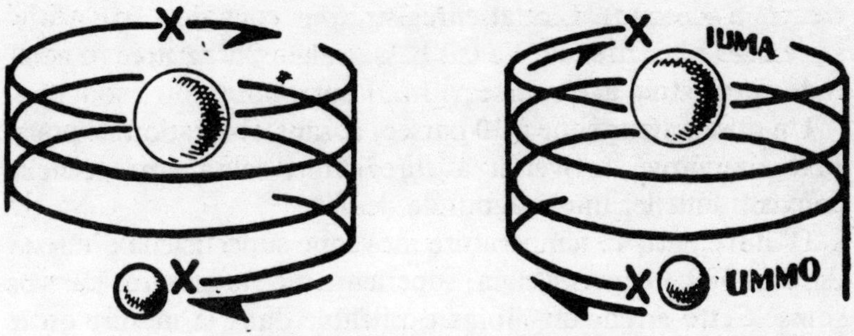

Fig. 2 et 3 = Fausse conception

ont établi conventionnellement un système référentiel galactique de type différent du vôtre. Mais le changement d'axes référentiels ne serait pas difficile si vous ne commettiez pas d'erreurs. Cependant, nous avons constaté des altérations sensibles dans les faits concernant la masse, magnitude, situation et distance d'astres mutuellement identifiés par vous et nous.

Pour cette raison, nous ne pouvons pas encore vous indiquer avec un degré élevé de certitude si l'étoile enregistrée par vos soins est notre IUMMA.

Nous pensons que les coordonnées qui vous sont familières pour fixer la position d'IUMMA seraient :

Angle solide défini par :

Ascension rectiligne 12 h 31 mn 14 s ± 2 mn 11 s.

Déclinaison 9° 18' 7'' ± 14' 2''.

Précisément très près du centre de cet « angle solide » probable (12 h 35 mn ; + 9° 18'), quelques tables élaborées par vous signalent une étoile que vous avez appelée WOLF 424.

Celle-ci correspond probablement à IUMMA. Ses caractéristiques sont : d = 14,6 années lumière ; magnitude visuelle absolue = 14,3 ; magnitude apparente = 12,5 ; spectre correspondant à la classe M.

Cependant de telles caractéristiques diffèrent un peu des réelles. L'erreur incriminée pourrait s'expliquer dans l'évaluation de la magnitude, erreur due à l'existence d'une accumulation de poussière cosmique très dense (spectre gravimétrique complexe avec des particules solides, métalliques et ionisées inférieures à 0,6 mm). L'éclat enregistré par vous doit être nécessairement plus atténué. La (si) basse valeur enregistrée (magnitude enregistrée à 10 parsec = 14,3) corrobore notre soupçon.

Un observateur situé à 10 parsec, et sans obturation de poussière cosmique, arriverait à enregistrer, selon votre échelle conventionnelle, une magnitude de 7,4.

D'autre part, la température moyenne superficielle d'IUMMA est de 4 580,3 degrés Kelvin, supérieure à celle mesurée par vos soins. Cette erreur est moins explicable dans la mesure où le spectre que vous avez pu étudier n'est pas modifié par l'occultation due à l'accumulation de poussière.

Tous les renseignements qui figurent dans cette lettre sont réalistes et certains vérifiables. L'étoile Wolf 424 existe bel et bien dans les catalogues des astronomes terriens. Cependant le nuage de poussière qui en masquerait la luminosité n'a jamais été détecté, ce qui est pourtant à portée de notre technologie. Au contraire, dans la direction de Wolf 424, le ciel est tellement bien dégagé que nos télescopes sont déjà parvenus à localiser dans cette direction des amas de galaxies, très lointains comme l'amas de la Vierge ou l'amas Coma. A moins que ces poussières ne soient très localisées au voisinage immédiat de l'étoile.

La masse d'Ummo, d'IUMMA, son soleil, la distance qui les sépare et la vitesse de rotation sont en accord avec les lois astronomiques que nous connaissons bien. En fait, n'importe quel étudiant en astrophysique aurait été capable de réaliser les calculs nécessaires à rendre crédible cette description par la simple application des lois de Newton et de Kepler. Quant à la composition de la planète des Ummites, rien n'interdit qu'elle soit ainsi, tous les éléments mentionnés sont observables dans le système solaire dans des proportions toutefois assez différentes.

Il se passe sur Ummo un phénomène magnétique très étonnant : le champ magnétique ummite est d'une puissance à peine imaginable. Ce phénomène a des conséquences inattendues sur le développement de la civilisation qui y prit naissance.

IUMMA provoque des altérations de son champ magnétique, difficilement prévisibles à longue échéance. L'intensité détectable de ce champ sur UMMO atteint des valeurs qui vous paraîtraient ahurissantes. Les niveaux extrêmes oscillent entre 3,8 gauss et 216 gauss.

« Si vous considérez que le champ propre d'UMMO est plus faible que celui de la Terre, avec des maxima de 0,23 T et des minima de 0,07 gauss, il est probable que vous-mêmes puissiez, en observant le spectre de notre IUMMA, noter le dédoublement de certaines raies dû à la polarisation provoquée par ces perturbations.

De si fortes altérations ont une influence très sensible sur notre OYAA. Par exemple, la structuration de notre atmosphère par des couches fortement ionisées a préservé le milieu écologique des forts niveaux de radiation. Les mutations ont été moins fréquentes dans les organismes et par conséquent, la variété faune-flore moins riche que sur Terre.

En revanche, l'aspect de notre ciel, la nuit, est beaucoup plus fantastique grâce aux phénomènes météorologiques qui vous feraient penser aux aurores boréales.

La technologie a dû prendre des directions distinctes de celles de la Terre. Les communications utilisant des fréquences électromagnétiques ne sont possibles que dans des cas bien déterminés, et la grande variété d'équipements dans lesquels interviennent des fonctions gradient de potentiel magnétique doivent être compensés pour éviter les fortes perturbations de l'extérieur.

Notre protohistoire de la technique enregistre l'utilisation par nos ancêtres de grandes toroïdes métalliques déroulées dans les champs (on trouve encore des restes de câbles enterrés pendant ces périodes) dans lesquelles on induisait des courants électriques intenses de type apériodique et dont l'énergie était utilisée ultérieurement (de la même manière que vous pour vos batteries).

Nos ancêtres firent d'énormes efforts et des travaux grandioses qui altérèrent la géographie de nos continents pour obtenir et emmagasiner de l'énergie. Les sources importantes exploitées furent au nombre de quatre :

— l'énergie thermique provenant de zones à forte densité de OAK EOEEI (espèces de volcans) ;

— l'obtention de gaz naturel (riche en propane et autres hydrocarbures) ;

— l'utilisation de l'énergie diffusée par IUMMA pour laquelle on construisit des milliers de canalisations pourvues d'écrans réflecteurs ;

— et enfin l'exploitation de l'intensité du champ magnétique d'IUMMA combinée avec la rotation d'UMMO, obtenue grâce à de longs conducteurs (alliage d'argent et de cuivre) enterrés à une faible profondeur, formant des spirales au diamètre énorme et des réseaux de toroïdes (bobines toroïdales) distribuées dans des zones désertiques.

Sur UMMO, l'orographie est peu accidentée et c'est pour cela que la pauvreté du débit des rivières ne stimula jamais l'utilisation de l'énergie hydraulique, et les hydrocarbures liquides se trouvaient à des profondeurs si énormes que nos frères de ces époques ne purent jamais s'éclairer avec (et quand la technique rendit la chose possible, l'exploitation ne fut plus pratique).

Ce champ magnétique intense, s'il pose des problèmes théoriques certains à nos astronomes et rend difficile la compréhension de l'évolution de la vie sur UMMO, explique aussi l'impossibilité de détecter l'activité intelligente qui se déroule dans cette direction du ciel. Les terriens sont à l'écoute du ciel depuis plusieurs années grâce au SETI, un observatoire équipé d'un télescope radio capable de détecter les moindres émissions électromagnétiques venues de l'espace. Sa mission : tenter de détecter et d'interpréter d'éventuels signaux structurés envoyés par des civilisations extraterrestres. Le SETI n'a toujours rien remarqué de semblable. Les lettres ummites contiennent peut-être l'explication. Paradoxalement, la technique aurait fonctionné dans l'autre sens puisque les Ummites affirment avoir eu vent de notre existence en recevant une émission radiophonique terrestre datée de 1939 ! Vingt et un ans plus tard, ils débarquaient parmi nous.

4.

L'ATTERRISSAGE

Madrid, 1967. Depuis le début du printemps, de l'aube jusqu'au soir, le soleil, imperturbable, écrase la ville et rend les corps lourds, moites. Les hommes, un grand mouchoir à la main, essuient leur poitrine humide ou leur front perlé de sueur tandis que les femmes agitent plus que jamais leurs éventails bariolés. En fin d'après-midi, à l'heure des tapas, les terrasses sont envahies par la foule. Tortillas, olives, chorizo, moules, calamars frits, rituellement posés sur des assiettes de porcelaine, calment les fringales. Les verres de café glacé réveillent les engourdis, et les esprits s'enivrent de petits vins frappés. A cette heure-là, Madrid rêve.

A quelques kilomètres de là, à San José de Valderas, une banlieue madrilène résidentielle aux immeubles ultramodernes, les habitants ont fui la capitale pour les prairies et les forêts de pins restées intactes et dominées par le château de feu le marquis de Valderas. Le dimanche, les familles viennent y déjeuner sur l'herbe et passent tout l'après-midi à l'ombre d'un arbre. Les pères piquent un petit somme au moment de la sieste, les mères terminent leur couture, les enfants font de formidables parties de cache-cache, et les amoureux sont enfin seuls. San José de Valderas est en paix.

Le soir du 1er juin 1967, le soleil déclinant dore la campagne. Une paisible atmosphère soulage ceux qui sortent d'une journée de travail. Certains sont venus se dégourdir les jambes, respirer l'air qui se rafraîchit ou lire le journal. Un étrange événement va venir perturber ce repos bien mérité. Il est 20 h 20.

Soudain, un objet énorme en forme de disque apparaît dans le ciel. Il surgit subitement au-dessus du château qui abrite désormais un collège tenu par des religieuses puis évolue sans bruit sur la région en décrivant une sorte de boucle pendant une douzaine de minutes. Il vole si bas qu'il touche quasiment le sommet des arbres et se déplace comme le ferait une feuille qui tombe avec un mouvement de balancier, pour finalement disparaître, illuminé par les derniers rayons de soleil, en direction de la route qui mène vers l'Estrémadure. Ce n'est pas un avion, ni un hélicoptère, ni un quelconque appareil comme il en existe sur Terre. L'engin, d'une dizaine de mètres de diamètre est circulaire. On devine qu'il est constitué par deux sortes de grandes cuvettes dont les bords évasés sont soudés l'un à l'autre et dont les parties concaves se font face. Un ingénieur le comparera plus tard à la boîte de vitesse d'une vieille auto tandis qu'une ménagère n'hésitera pas à le qualifier de gamelle ou de grand fromage. En réalité, cet étrange objet semble correspondre à ce que l'on nomme en général : une soucoupe volante. En tout cas, c'est ce que pensent instinctivement les dizaines de témoins, tous le nez en l'air. Éberlués, ils remarquent cependant sur le ventre de l'objet volant un signe qui ressemble à un H dont la ligne intérieure est barrée d'un trait. Plus tard, il sera décrit de diverses manières comme « d'une croix à l'intérieur d'un carré » et quelqu'un n'hésitera pas à affirmer : « Le signe ? Oh ! c'était "M" pour Martiens. » Parmi ces témoins qui donnent, les jours suivants, des détails aux enquêteurs venus les interroger, deux d'entre eux en savent plus que les autres.

Commençons par le premier et appelons-le Pablo. C'est un prénom imaginé puisque personne ne le verra jamais et qu'il se débrouillera pour que son anonymat soit préservé. Il ne parlera qu'avec une seule personne, un journaliste de *Informaciones*, un quotidien du soir, et uniquement par téléphone. Il dira seulement qu'il était en train de prendre en photo sa petite amie quand quelque chose d'étrange est apparu dans le ciel. Une chose est sûre, des photos ont été faites. Par qui ? On n'en n'en sait toujours rien aujourd'hui. Toujours est-il qu'on possède ainsi la seule preuve matérielle de cet événement : la photo prise le jeudi 1er juin 1967 à 20 h 20. On y voit un objet volant non identifié survolant San José de Valderas.

Imaginons la journée du jeune homme. Ce jeudi-là, Pablo (ou Luis, Juan...) est passé comme chaque midi, prendre son amie Consuelo à la sortie du bureau. Ils travaillent à trois rues l'un de l'autre et vont déjeuner dans un petit café de la Plaza Real où ils se sont connus quelque temps auparavant. Consuelo habite chez ses parents à San José de Valderas et Pablo loue une petite chambre dans le centre de Madrid. Ce soir, c'est promis, il raccompagne Consuelo chez elle. Ils auront enfin le temps d'être simplement ensemble et tous les deux ils assisteront même au coucher du soleil. Ce matin, avant de partir travailler, Pablo n'a pas oublié son appareil photo qu'il compte utiliser pour faire de sa belle, mille et un clichés. Au moment où ils montent dans l'autobus qui les conduit à San José de Valderas, ils ne se doutent pas que ce dernier cliché présentera un tout autre aspect que celui du visage de son amie.

A 20 h 20, Consuelo est assise sur l'herbe. Pablo n'a pas cessé de tendrement la mitrailler par cellule optique interposée. Son regard retourne sur elle, clic clac, il est content. Une dernière. Il s'apprête à ajuster l'objectif quand, tout à coup, un point traverse l'espace en s'approchant. Très vite, il apparaît au-dessus de lui. Pablo garde son sang-froid, lève son appareil et appuie sur le déclencheur plusieurs fois de suite. La preuve est dans l'appareil.

Le lendemain matin, Pablo court porter sa pellicule au laboratoire de la rue du General Ricardos qui se trouve à côté de la Plaza de Toros à Madrid. Entre-temps, il téléphone à Antonio San Antonio, reporter-photographe du quotidien madrilène *Informaciones,* pour lui dire d'aller au laboratoire chercher des négatifs, qui sont, lui dit-il, d'un intérêt exceptionnel. Au cours de la conversation, le jeune homme, qui ne veut pas dire son nom, explique les circonstances dans lesquelles les photos ont été prises. Cinq négatifs attendent le journaliste. Deux photos seront publiées dans le journal du 2 juin, le lendemain de l'événement.

Au même instant et à quelques mètres de ce jeune homme qui prend les photos, une famille composée du père, de la mère et de leur fille observe le passage de l'objet volant. L'homme se précipite sur son appareil photo mais n'ayant pas le *self-control* du jeune homme, il oublie dans l'agitation générale et l'enthousiasme, d'enlever le cache de l'objectif lors des deux premiers instantanés. Néanmoins, il réussit à en faire d'autres qu'il envoie deux mois plus tard à l'écrivain Marius Lleget dont le livre : *Mito y realidad de los platillos volantes* (« Mythes et réalités des soucoupes volantes ») vient de sortir. A la fin de l'ouvrage, l'écrivain donne son adresse en demandant à ceux qui ont noté des renseignements ou vu des choses intéressantes de prendre contact avec lui. C'est ce que fait le père de famille. Il expédie alors deux clichés qui se révèlent être similaires aux photos du jeune homme puisque quasiment pris sous le même angle. Il écrit ensuite une longue lettre à Marius Lleget qu'il signe « Antonio Pardo ». Il lui téléphone deux fois de suite avant même que la lettre n'arrive à bon port. Malheureusement, au cours de ces entretiens téléphoniques, l'écrivain ne pense pas un seul instant à lui demander son adresse pensant la trouver au dos de l'enveloppe de la fameuse lettre que son interlocuteur dit lui avoir postée. Les jours suivants, Marius Lleget, reçoit le témoignage de ce deuxième photographe :

« Nous nous assîmes pour prendre le thé, comme nous en avions l'habitude. Ma femme tricotait, je lisais les journaux, et nous nous étions assis dans l'herbe à quelques mètres des pins. Pas très loin de nous, il y avait six à dix familles ou couples, tous originaires sans doute de San José de Valderas. Il n'était pas encore huit heures et demie (il faisait encore jour, et nous avions coutume de rentrer à la maison aux environs de neuf heures, pour dîner avec mon père et ma belle-sœur) lorsque ma petite fille, qui parlait à sa mère, attira notre attention sur quelque chose qui volait à peu près au-dessus de nos têtes, près du château. Nous n'avions pas pris nos jumelles avec nous, mais nous pouvions tout de même distinguer très nettement la structure de l'objet. Incontestablement, ce n'était pas un avion. A ce moment précis, la chose oscillait d'un bord sur l'autre, comme si elle se balançait, sans faire le moindre mouvement vers l'avant, puis elle demeura stationnaire, sa base circulaire étant horizontale.

« Elle se dirigea ensuite très rapidement vers la droite, pas aussi vite toutefois que lorsqu'elle s'en alla définitivement, ainsi que je le mentionnerai plus loin. Puis elle stoppa de nouveau, et recommença à se balancer d'un bord sur l'autre. Nous nous levâmes pour mieux l'observer. Nos voisins l'avaient vue avant nous, car tous étaient également sur pied, et nombre d'entre eux se protégeaient les yeux avec les mains, le soleil ayant juste commencé à se coucher. De l'endroit où nous étions, on pouvait voir parfaitement la chose et le soleil ne nous gênait pas trop. La perspective sous laquelle nous observions cette chose nous la faisait voir ovale, quoique, sans aucun doute, elle fût circulaire. Bien que les photos nous aient amenés par la suite, ma femme et moi, à reconsidérer notre première opinion, elle nous apparut alors comme un cylindre de grand diamètre et pas très haut, avec, en son plan équatorial, un disque parallèle à la base. Ma fille, cependant, ne vit pas du tout un tel disque mais décrivit simplement l'objet comme l'une de ces familières boîtes rondes qui contiennent des portions de fromage. Les photos vous montreront que ma femme et moi ne nous trompions pas trop dans notre description.

« Il me sembla que, sur la partie supérieure, se trouvait quelque chose qui brillait comme s'il avait été argenté ou fait de verre (des sept photos que je possède, la seule qui montre la partie supérieure ne permet pas de faire ressortir complètement ce détail, même après un fort agrandissement, et un autre témoin qui me confirma cette particularité du sommet ne semblait pas très convaincu non plus). Le comportement de l'étrange machine paraissait ressembler à celui d'un hélicoptère (quoiqu'il soit hors de question qu'il pût s'agir réellement d'un hélicoptère). Durant quelques minutes (bien que nous — pas plus que d'autres — n'ayons fait aucune mesure du temps, désorientés comme nous l'étions, je crois que cela peut avoir duré environ douze minutes), la chose demeura "suspendue et stationnaire" près du château de San José de Valderas.

« Elle nous absorba si totalement pendant les deux ou trois premières minutes de l'observation que je ne pensai même pas tout d'abord à faire usage de mon appareil photographique. Je tournai la tête un moment et je vis un homme là, derrière moi, qui visait l'objet avec son appareil et l'idée me vint alors d'en faire autant. J'eus encore ainsi le temps de prendre neuf clichés, parmi lesquels j'en ratai deux car, dans ma hâte, j'avais stupidement oublié quelque chose de tout à fait élémentaire : retirer le capuchon de l'objectif. Le vaisseau spatial, ou ovni, ou quoi que cela ait pu être, s'arrêta soudain d'osciller, de se balancer d'un bord sur l'autre, et devint stationnaire, sa base demeurant horizontale, puis il s'éleva dans le ciel à une vitesse incalculable. Je fus incapable de prendre une photographie pendant qu'il s'éloignait. Je me rappelle que ma femme, ma fille et moi nous nous regardâmes l'un l'autre, étonnés. Pendant que le disque s'élevait, comme une flèche, son diamètre changea visiblement — par un effet naturel de perspective, je suppose. Sa dimension apparente, qui nous sembla tout d'abord supérieure à celle d'un avion, se réduisit dans le ciel bleu à celle d'une pièce de monnaie, d'un jaune clair très brillant. Puis il disparut dans le lointain, en direction de Madrid.

« La couleur de l'engin volant était orange, bien que, dès qu'il se fut éloigné, elle ait paru beaucoup plus brumeuse et moins rougeâtre. Comme si l'engin avait été une lampe au néon, nous pûmes tous observer une teinte ou un reflet uniforme sur toute sa périphérie. Nous sommes certains que, même s'il avait fait nuit, la lumière propre de l'objet nous aurait permis de le voir distinctement car, en dépit de l'intensité de la lumière diurne qui régnait alors, le contraste lumineux était manifeste. Les indications des autres témoins avec lesquels vous pouvez être ou avez pu être en contact vous confirmeront cela.

« D'autre part, j'avoue que nous avons passé beaucoup de temps à discuter de la marque distinctive qu'on pouvait voir sur le "ventre" ou base de la machine.

« Jusqu'à ce que les photos eussent été développées, nos

doutes sur ce point ne se dissipèrent pas, et cela montre combien une image visuelle se déforme facilement et à quel point il est aisé de porter un jugement hâtif quand on n'a pas disposé d'un délai suffisant pour l'examiner de manière objective. Ainsi s'expliquent les discussions énergiques que nous avons eues au sujet des particularités de la machine avec les gens qui la virent et qui nous entouraient, par exemple, un garçon qui l'observa également déclara qu'il avait très clairement vu plusieurs hublots disposés sur tout son pourtour. Si vous observez les photos (et nous avons fait des agrandissements), vous verrez que de tels hublots n'apparaissent nulle part sur l'objet.

« Il est une chose sur laquelle nous nous sommes trouvés à peu près tous d'accord (quelques habitants de San José ont vu également l'engin de leurs maisons), c'est que ce devait être quelque avion d'un type spécial effectuant des essais.

« Cette même nuit, dès que nous fûmes rentrés à Madrid, je téléphonai à l'aéroport. Je fus très étonné quand ils m'affirmèrent catégoriquement que sur les deux terrains de Cuatros Vientos et de Barajas, on ne savait absolument rien de la présence d'un quelconque appareil aérien doté de telles caractéristiques. Ils me firent savoir qu'ils avaient reçu de nombreux appels téléphoniques, émanant de particuliers et d'un journal, et qu'ils avaient fait part de la chose à leurs supérieurs qui ne savaient rien non plus de cet épisode (notez, Senor Lleguet, la contradiction entre cette déclaration et ce que me dirent deux jours plus tard, en confidence, deux officiers de l'armée de l'air, ce que je rapporterai plus loin).

« J'appelai également les bureaux de la rédaction du journal *ABC*, qui se montrèrent tout aussi incapables de m'aider à faire la moindre lumière sur la question.

« Nous avons coutume, avec quelques-uns de mes très bons amis et voisins, de nous réunir chez eux après le dîner. C'est ce que nous fîmes ce soir-là, et nous discutâmes de l'affaire. Nos amis acceptèrent spontanément la thèse (d'après la version que nous leur en avions donnée) selon laquelle l'objet aurait été simplement un hélicoptère. Mais la discussion fut si animée que nous décidâmes — bien qu'une partie du film n'eût pas encore été exposée — de retirer la bobine de film de l'appareil (un Paxette, muni d'un objectif de 1/2,8) et de la développer. L'aîné des fils de notre ami s'était autrefois passionnément adonné à la photographie et il possédait un agrandisseur tout à fait convenable. Aussi lui envoyai-je deux épreuves des photos que nous avions prises. Je possède sept négatifs réussis. Les épreuves que je lui fis parvenir étaient plus claires, les autres étant sous-exposées. J'obtins par la suite un très bon agrandissement de chacun des négatifs, montrant seulement l'ovni, mais rien de particulier ne ressort sur l'appareil, si ce n'est le signe. Le soir suivant, le 2 juin, il y avait des articles sur l'ovni dans les journaux du soir. Le matin du même jour, j'avais eu une seconde discussion à ce sujet avec mes collègues de travail qui accueillirent mon récit par des remarques sarcastiques. Aussi, afin de ne pas m'exposer davantage au ridicule, je décidai de ne plus parler dorénavant à personne de l'affaire et de me constituer sur celle-ci une documentation complète. Un journal eut le cynisme d'appeler "visionnaires" chacun de ceux (et nous étions nombreux) qui avaient vu l'ovni. Vous comprendrez, Senor Leguet, qu'en de telles circonstances il y a de puissantes raisons sociales qui vous obligent à garder le silence afin d'éviter de servir de cible à la moquerie des autres. »

Au moment où l'objet volant s'éloigne au-dessus de la route de l'Estrémadure, puis disparaît, un ingénieur au volant de sa voiture, le suit des yeux. El Senor Ramirez (appelons-le ainsi puisque c'est sous ce nom qu'il accepte de témoigner) est un homme d'environ cinquante-cinq ans. Formé à l'École polytechnique de Paris, il est loin de passer pour un original même si les questions philosophiques le passionnent. Voici ce qu'il en pense :

« Il s'agissait d'un appareil volant qui ne correspond à aucune de nos techniques, ni d'un point de vue aérodynamique ni à aucun autre. Vu sa forme, il ne peut pas se déplacer suivant les lois du vol aérodynamique comme le ferait un engin normal. Est-ce que ce genre d'appareil est propulsé par réaction ? C'est presque sûr. Mais alors, comment ? On ne voyait aucun gaz sortir et il n'y avait aucun son. Il est possible que le réacteur, ou, mieux encore, ce qui produit le déplacement soit peut-être des ions. En tout cas, cet appareil ne correspond à aucune technique terrestre. Il se déplace grâce à quelque chose que nous avons du mal à imaginer et qui nous permettrait probablement d'abandonner les techniques actuelles qui font décoller les fusées. Tout le monde a vu les photos, on connaît maintenant ce genre d'appareils. On a pensé puis on a formulé des hypothèses dont aucune n'explique vraiment la manière dont ces appareils se déplacent.

« Nous avons été nombreux à voir la même chose tout en étant éloignés les uns des autres, poursuit l'ingénieur. Ce ne peut pas être une hallucination collective. Non, c'est un appareil qui existe réellement. Qu'il soit de provenance extraterrestre, bon, comme je ne veux effrayer personne, je préfère dire que je ne le crois pas. Mais c'est ce qui paraît le plus logique. »

Après avoir survolé la route de l'Estrémadure, l'objet se dirige vers le nord-est. Jusqu'où ? Sans doute jusqu'à Santa Monica (banlieue éloignée d'environ cinq kilomètres de San José de Valderas) où il se pose quelques instants sur un terrain agricole juste à côté du restaurant « La Ponderosa ». Senor Rivero, qui tient une épicerie dans la rue de Sedano à Santa Monica, a vu le vaisseau décoller de terre. Il sortait de son magasin et se dirigeait vers le restaurant lorsque soudain, en tournant au coin de la rue, il vit au loin quelque chose de si étrange, fugace et rapide qu'il en resta pantois. « Il était en vol à environ un kilomètre d'ici. Je voyais une série de petites fenêtres d'où sortait une lumière très orangée. Ensuite, poursuit Senor Rivero, il s'est très rapidement élevé à la verticale en tournant légèrement vers la droite puis s'est perdu dans l'horizon et a "disparu". »

Au même moment, Dona Eugenia Arbiol Alonso, une femme d'une quarantaine d'années était dans son appartement de la rue Campo Florida, immeuble 27, escalier B à Santa Monica. Ce 1er juin 1967, à la nuit tombante, elle a observé l'atterrissage avec sa famille. En attendant l'heure du dîner, Dona

Eugenia, sa mère et son mari étaient installés tous ensemble près de la fenêtre du salon pour profiter des derniers moments de clarté. Leurs fenêtres donnent sur « La Ponderosa » : la famille Arbiol Alonso est aux premières loges.

« J'ai vu quelque chose, dit Dona Eugenia... comme des lumières ou des hublots d'avion. C'est alors que j'ai remarqué une chose ronde qui pouvait ressembler à une citerne d'essence. Quelle chose étrange, me suis-je dit ! C'est peut-être des enfants qui jouent là-bas. Je ne voyais pas très bien mais j'ai eu l'impression qu'elle se posait au sol. Après, elle s'est élevée pour rester à quelques mètres de terre et après ce fut comme une chose "vu et pas vu". J'étais en train de coudre. Je me suis levée et je me suis dit que ce n'était pas un avion mais quelque chose de bizarre. A ce moment-là, elle s'est élevée dans le ciel. Je ne peux pas vous dire où je l'ai vue partir bien que j'aie la sensation qu'elle allait vers le haut. Comme par magie, elle a disparu. Elle n'est pas restée deux minutes au sol. Puis je me suis levée et psss... elle est partie. C'était vraiment comme une chose "vu et pas vu". C'est tout. »

Pendant ce temps, le patron du fameux restaurant « La Ponderosa », un homme brun d'environ trente-cinq ans, est en équilibre sur une échelle maintenue par son cuisinier. Tout occupé à revisser des ampoules multicolores autour de son jardin, il ne se rend compte de rien. Soudain, son patio se remplit de gens qui arrivent par grappes. Tous ont l'air très nerveux, parlent fort, s'apostrophent ou au contraire se taisent, pétrifiés. Un même récit les unit : une boule de feu, énorme, est passée au-dessus de leur tête en abaissant trois « pattes » pour atterrir. D'un naturel plutôt sceptique, le Senor Munoz reste sur son escabeau. « Je continuais mon travail lorsqu'un homme s'est mis à raconter qu'il était en train de rouler sur la route de Prado del Rey quand, parvenu face aux studios de la TVE (la télévision espagnole), il a vu une boule orangée descendre plus bas que la hauteur des studios et avancer horizontalement jusqu'à se trouver au-dessus de lui. J'ai pris ce type-là pour un fou et j'ai continué à remplacer mes ampoules. Mais d'autres personnes sont arrivées. D'abord, un couple d'une cinquantaine d'années. En larmes, la femme était au bord de la crise de nerfs tandis que le mari, plus calme, nous dit avoir tous les deux vu de leur voiture à environ deux cents mètres une lumière très brillante. Ils ont eu l'impression de la voir atterrir. Dès l'instant où l'appareil s'est posé et jusqu'à ce qu'il s'en aille, ils ne l'ont pas lâché des yeux puis ils ont foncé vers mon restaurant. Après, il m'a demandé un papier et un crayon et a dessiné devant tout le monde un appareil qui portait sur le ventre une sorte de grand "H".

« Ensuite, deux jeunes couples sont entrés. Les filles, serrées l'une contre l'autre, pleuraient de terreur, tout comme la femme précédente. Les garçons — j'étais descendu entre-temps de mon escabeau — parlaient rapidement. Ils avaient vu une énorme boule de feu rouge qui venait vers eux en diagonale puis descendre verticalement et atterrir à peu de distance de l'endroit où leur auto était garée.

« Le soir même, chamboulé par tout ça mais la tête sur les épaules, l'homme d'une cinquantaine d'années est parti voir le lieu du supposé atterrissage. Comme la nuit était tombée, il y est retourné le lendemain matin avec un de ses cousins. C'est eux qui ont découvert les trois empreintes rectangulaires d'à peu près 30 × 15 cm formant les sommets d'un triangle équilatéral de six mètres de côté. J'ai ensuite voulu constater par moi-même les empreintes des pieds de l'appareil mais je n'ai pas réussi à trouver l'endroit exact. » Ces traces nous obligent à faire un petit retour en arrière. Un peu plus d'un an auparavant, le dimanche 6 février 1966. Ce soir-là, vers 20 h 30, un objet qui répond à toutes les caractéristiques d'une soucoupe volante survole la banlieue madrilène au-dessus d'Aluche et se pose quelques instants près d'un terrain d'aviation proche du domaine « El Relajal ». Les soldats d'une caserne avoisinante, Don Vicente Ortuno et José Luis Jordan, l'un du sixième étage de son appartement et l'autre assis dans sa voiture, décrivent le même phénomène : un disque d'abord blanchâtre ensuite jaune puis orangé ne ressemblant en rien à un avion ni à un hélicoptère s'est posé à terre pour, aussitôt après, décoller à très vive allure. José Luis Jordan apporte plus de précisions : l'objet produisait un bruit sourd, régulier, vibrant et, soudain, « il disparut comme s'il s'était éteint ». Deux faits sont incontestables. *Primo*, une série de témoignages concordent entre eux ; *secundo*, un morceau de terrain avec des empreintes rectangulaires formant un triangle équilatéral de six mètres à côté. En outre, les traces d'environ 30 × 15 cm, fraîches et profondes de douze centimètres, marquées à l'intérieur comme d'une croix, ont été vues par des douzaines de curieux et même photographiées par Antonio San Antonio, le reporter-photographe de *Informaciones*, qui a couvert l'affaire de San José de Valderas un an plus tard.

Ainsi, les traces des ovnis d'Aluche et de San José de Valderas semblent avoir la même origine. Des photos des empreintes au sol et du vaisseau existent bel et bien. Sont-elles des preuves ?

Dans cette affaire, les plus sceptiques commencent à être ébranlés par un autre élément très surprenant. L'écrivain catalan Antonio Ribera, auteur du livre *Un caso perfecto* [1], enquête menée comme un thriller avec son ami Rafael Farriols, en fit mention dans l'article publié quelques mois après l'atterrissage de San José de Valderas. En voici la traduction.

« Il apparaît qu'à l'endroit de l'atterrissage, face au restaurant ''La Ponderosa'' furent découverts de mystérieux tubes métalliques. Ils avaient moins de quinze centimètres et provenaient, semble-t-il, de l'engin. Quelques jours après l'atterrissage, Senor Munoz et un certain nombre d'hommes d'affaires de la région reçurent une circulaire signée par un nommé ''Henri Dagousset'' où l'on pouvait lire qu'ayant appris par la presse espagnole qu'un ovni avait atterri à Santa Monica et que cet ovni ou soucoupe volante avait laissé tomber des tubes métalliques, lui, Henri Dagousset, éprouvant un intérêt scientifique pour ces tubes, offrait, au nom du groupe qu'il représentait, 18 000 pesetas (environ 1 300 francs en 1967) pour chaque tube envoyé à son secrétaire, M. Antoine Nancey, en

1. Traduit en français aux éditions de Vecchi : *Preuves de l'existence des soucoupes volantes*.

indiquant comme adresse un numéro de boîte postale madrilène par l'intermédiaire duquel on pourrait le joindre jusqu'au 15 juin. La circulaire était même accompagnée de la photographie de l'un des tubes et d'un croquis indiquant ses dimensions.

« Parmi ceux qui reçurent cette circulaire se trouvait un autre témoin de l'atterrissage, un homme d'affaires nommé don Manuel Rivero, demeurant Calle Sedano 33, Colonia de Santa Monica. Sa voisine dona Eugenia Arbol de Alonso avait elle aussi vu très clairement l'objet se poser sur le sol, d'une fenêtre de son appartement du second étage.

« L'histoire des étranges petits tubes fut reprise par la presse espagnole. Puis "Antonio Pardo" arriva à Santa Monica pour enquêter sur l'affaire, et il eut la bonne fortune d'acheter, pour une somme modique, un fragment du tube que, par hasard, un jeune homme venait de trouver et d'ouvrir avec une paire de petites pinces. Le garçon lui apprit qu'un liquide s'en était échappé, puis s'était évaporé. Le tube contenait deux bandes vertes faites, selon toute apparence, de matière plastique. Il était marqué d'un curieux emblème estampé rappelant la marque visible sur le ventre de l'ovni.

« "Antonio Pardo" fit parvenir l'une des bandes et un morceau du tube métallique à Marius Lleguet, qui les transmit à Rafael Farriols et à moi-même. Nous décidâmes alors de les envoyer aux laboratoires de l'INTA (Institut technique national d'aéronautique et de recherche spatiale espagnol), à Madrid. L'INTA les analysa et nous envoya un rapport très détaillé sur ce qu'il avait trouvé. Selon ce rapport, l'échantillon métallique était fait de nickel d'un degré de pureté extraordinaire, tandis que la bande de plastique était constituée par du fluorure de polyvinyle, type de plastique qui n'est pas encore commercialisé. En consultant la littérature technique sur le sujet, nous découvrîmes que, jusqu'à cette date, ce matériau n'avait été fabriqué que par la firme américaine Du Pont de Nemours, qui l'avait produit dans une usine pilote pour la National Aeronautics and Space Administration (NASA). Cette dernière l'utilisait comme revêtement pour les cônes des satellites terrestres afin de protéger ceux-ci, lors de leur rentrée, contre les dangereux effets de la friction atmosphérique. Cette matière plastique possède en effet d'extraordinaires propriétés et, pratiquement éternelle, elle est à l'abri des dommages que pourrait causer n'importe quel agent corrosif.

« Telle est donc, dans ses grandes lignes, l'affaire de San José de Valderas, et son surprenant dénouement.

« Est-ce un appareil extraterrestre ? Seul le temps fournira une réponse à cette question. »

En ce qui concerne les photos du vaisseau, le temps s'en est effectivement chargé. En 1977, le Français Claude Poher, directeur du GEPAN et l'Américain William Spaulding mettent en doute les clichés pris par les deux photographes amateurs. Les analyses effectuées par microphotomètre digitaliseur sont formelles : l'ovni est une maquette suspendue à un fil. Le prétendu atterrissage n'aurait été qu'une illusion provoquée par des plaisantins, somme toute assez bien organisés. Leur manipulation aurait berné des dizaines de témoins. Peut-être est-ce encore un de ces mauvais coups dont les Ummites ont le secret, à savoir : donner systématiquement des éléments qui détruisent la moindre volonté de croire à leur existence. Les partisans de la thèse Ummo ont en effet le sentiment que les extraterrestres se moquent d'eux. Certains correspondants des Ummites ont en effet reçu des lettres qui annonçaient les atterrissages AVANT les événements.

Le 30 mai 1967, Fernando Sesma reçoit une lettre envoyée par les Ummites. Elle est lue quelques heures plus tard au cours d'une réunion de la « Ballena Alegre » devant une trentaine de personnes. Des hommes de la planète Ummo indiquent l'arrivée imminente de trois de leurs vaisseaux dont l'un doit se poser près de Madrid. Les événements de San José de Valderas et le bref atterrissage à Santa Monica qui se produisent le lendemain même de l'annonce et dans la zone indiquée, finiront par bouleverser les plus sceptiques.

Voici la lettre :

UMMOAELEWE — COPIE OFFICIELLE
Dictée à MADRID (ESPAGNE)
Idiome : ESPAGNOL — Le 27 mai 1966 par DEEI 98
N° de Copies : 3 — fils de DEEI 97

Les notes suivantes ont été remises avec une rédaction distincte mais en des termes semblables :

N° de copies :
Anglais : 4
Français : 2
Tchécoslovaque : 1
Italien : 1

Monsieur,

Une demande de Fernando Sesma Manzano fut satisfaite en lui communiquant qu'au cours des mois de l'année terrestre 1966-1967, l'on prévoyait l'arrivée de l'un de nos OAW OOLEA UEUA OEEMM (vaisseaux).

Il nous est impossible de prévoir avec beaucoup d'anticipation les conditions optimales pour ces déplacements. De telles conditions sont liées à des caractéristiques spéciales de l'espace physique que nous avons exposées d'une manière didactique en d'autres occasions. Nous les dénommons UUXAGIXOO (peut se traduire par isodynamiques). Quand l'espace se « COURBE », ou exprimé d'une manière plus fiable, quand les composants de l'espace que nous nommons IBOZOO UU orientent leurs « ANGLES » dans une direction distincte de celle qui est habituelle dans un environnement du WAAM (univers), vous pourrez considérer que la courbure s'est effectuée ; quoique l'expression « orienter son angle » reste très confuse pour un technicien terrestre, nous ne trouvons pas d'autres termes plus spécifiques dans votre langage.

Ces plissements ou courbures de l'espace sont apériodiques ; ce qui rend très difficile, pour ne pas dire impossible, la réalisation de prévisions à long terme.

NOUS DÉSIRONS VOUS COMMUNIQUER OFFICIELLEMENT QUE :

L'arrivée sur la planète OYAGAA (Terre) *de trois de nos*

OAWOOLEA UEWA OEMM *provenant de notre* OYAA (planète) UMMO *est imminente.* Nous vous rappelons que la distance (que nous pourrons appeler géodésique) en ligne droite de notre système au système solaire est approximativement de :

DISTANCE D'IUMMA AU SOLEIL. — Distance apparente que suivrait un quantum énergétique d'un faisceau cohérent d'ondes dans l'espace de trois dimensions. Mesurée par nous le 4 janvier 1955 : 14,436954 années lumière.

La distance réelle mesurée dans le cadre trimensionnel  à cette même date durant le plissement  40  45/77/76 : 3,68482 années lumière terrestres.

Notre OYAA UMMO tourne autour d'IUMMA en une orbite elliptique d'excentricité 0,00783 avec IUMMA comme foyer. Masse d'UMMO : $9{,}36.10^{24}$ kilogrammes-masse terrestres. Accélération de la gravité sur UMMO : 11,88 mètres/seconde^2.

Nous calculons que la descente des vaisseaux provenant de notre UMMO se réalisera (en tenant compte de la marge d'erreur prévisible) entre *21 heures 28 minutes TMG du 30 mai 1967 et 23 heures 6 minutes TMG du 3 juin 1967.* (La probabilité pour que cela se produise le 30 mai ou pendant les dernières heures du 31 mai est si faible que l'on peut estimer comme limites de l'intervalle les zéro heure du 31 mai et les huit heures de la nuit du 3 juin, selon la fonction d'erreur probable que nous avons étudiée.)

D'autre part, les intervalles d'arrivée des trois UEWA ne dépasseraient pas 7 heures ± 20 minutes.

Les points approximatifs où se produira la OAWOOLEIDAA [1] ont été prévus. Ces points (comme nous ne précisons pas le niveau au sol ou la cote zéro, nous nous référons non pas au véritable point de OAWOOLEIDAA mais à la référence de l'altitude où l'axe de gravité coupe une référence géodésique) sont :

---

1. OAWOOLEIDAA est un terme scientifique intraduisible qui décrit le phénomène technique dans lequel les particules subatomiques IBOZZO UU du vaisseau et ses membres d'équipage permutent leur orientation, ce qui suppose un changement de dimension. Un spectateur verra le vaisseau disparaître devant ses yeux à l'instant de la OAWOOLEIDAA.

Bolivie

ZONE DE ORURO. — La descente aura lieu en un point situé dans l'aire circulaire qui a comme centre la ville d'Oruro, son rayon sera de quelques 208 kilomètres avec une marge d'erreur dans cette dernière mesure de plus ou moins quatre kilomètres.

Espagne

ZONE DE MADRID. — La descente est prévue au sein d'une aire circulaire qui a pour centre les coordonnées suivantes :
Longitude : 3° 45' 20,6'' W
Latitude : 40° 28' 2,2'' N
Et un rayon de 46 km avec une marge d'erreur de 1,6 km.

Brésil

ZONE DE RIO GRANDE DO SUL. — Aux alentours de Santo Angelo. La marge d'erreur trop élevée nous interdit une plus grande précision.

Ces prévisions furent réalisées en date du 27 mai à 11 heures 38 minutes. Nous pourrions conformément à l'avance du temps, préciser avec moins d'étendue la marge d'erreur. Cependant, d'autres facteurs pourraient modifier, dans ce cas, les points réels de la descente (et non les instants d'arrivée). Quelques-uns de ces facteurs sont, comme vous pouvez vous en douter, de nature tactique : sécurité, éviter des risques, perturbations imprévisibles durant la dernière phase de la navigation, ordres modificateurs de route émanant en dernière minute de notre hiérarchie, etc.

(Ces points de descente ont été choisis pour des raisons très complexes.)

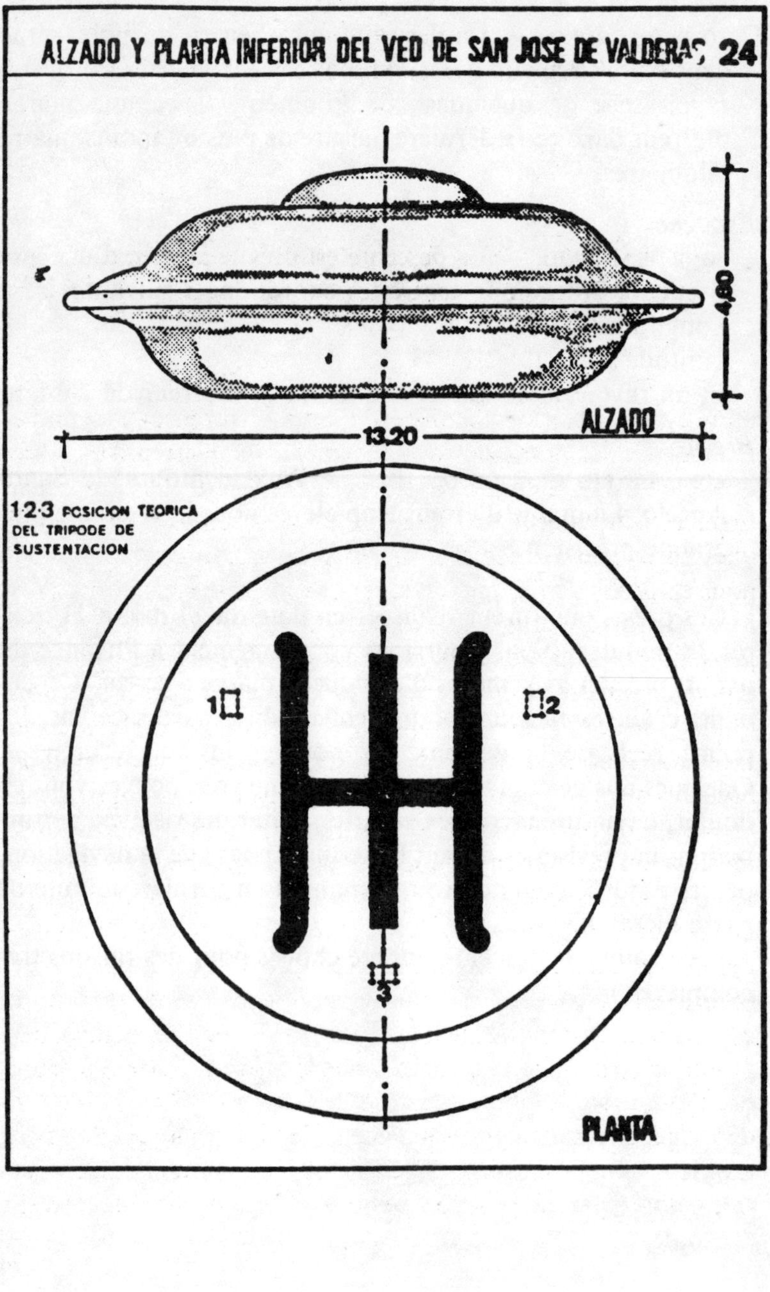
ALZADO Y PLANTA INFERIOR DEL VED DE SAN JOSE DE VALDERAS 24
4,80
13,20
ALZADO
1·2·3 POSICION TEORICA DEL TRIPODE DE SUSTENTACION
1
2
3
PLANTA

5.

LA LETTRE DU DACTYLOGRAPHE

Dans une de leurs lettres, les envoyés d'Ummo se lancent dans une description détaillée de leurs différences morphologiques avec les humains. Curieusement, ils insistent sur le fait que leurs extrémités sont d'une rare sensibilité. Ils sont « particulièrement adaptés à l'intégration de schémas vibromécaniques parce que très sensibles à ces fréquences, écrivent-ils. Ceci nous empêche d'effectuer certains travaux que vous pouvez réaliser. De fortes percussions dans les doigts et dans les poignets peuvent provoquer des lésions graves de nos organes sensibles. Appuyer sur des boutons très durs, exercer de fortes pressions pour saisir des objets sont ainsi des exercices où vous êtes avantagés par rapport à nous. Personnellement, je peux témoigner pour les véritables frayeurs que j'ai éprouvées quand je suis arrivé sur Terre lorsque je dus accomplir des opérations aussi inoffensives pour vous qu'appuyer sur certains boutons d'ascenseurs et autres interrupteurs électriques ». Là, notre visiteur avoue que si personne ne le voit, il utilise encore les « nœuds » des doigts dans certains cas. On comprend qu'il n'ose le faire en présence d'un Terrien qui ne manquerait pas de remarquer cet étrange comportement et pourrait alors le démasquer. Jusqu'ici, personne ne s'en est encore aperçu. Cette particularité ummite soulève une question de fond. Sur Terre, on considère que la cause du développement de l'humanité est due pour moitié à la liberté qu'ont atteinte les mains lorsque nos ancêtres adoptèrent la position debout. C'est par cette nouvelle forme de préhension, l'opposition du pouce, que la fabrication d'outils est rendue possible. Sans cela, l'homme ne serait pas parvenu au degré d'avancement technologique et social qu'il connaît aujourd'hui. Comment une civilisation aussi puissante et évoluée que la société ummite a-t-elle pu voir le jour sans pouvoir utiliser les mains à un quelconque effort physique? Cela reste un mystère complet et défie les lois de l'évolution telles que nous les connaissons.

Cependant, on comprendra qu'il soit difficile pour des êtres affublés d'une telle sensibilité digitale de taper à la machine les centaines de lettres qu'ils ont eu l'amabilité de nous faire parvenir dans leur effort désespéré pour nous ouvrir l'esprit sans nous l'ouvrir tout à fait.

Qui donc tapait leurs interminables missives? Dans la mesure où ils ne semblent connaître ni le traitement de texte, ni la reconnaissance vocale, ni la lecture électronique de la pensée, il fallait bien qu'ils confient cette tâche mécanique à un Terrien de leur connaissance. En Espagne, celui qui eut cet insigne privilège a craqué. Saisi d'une sorte de panique après le départ annoncé des Ummites, il envoya à un certain Enrique Villagrasa Novoa, membre du fameux Groupe de Madrid, dont nous reproduisons plus loin la quasi-totalité, un document tout à fait exceptionnel par la durée du contact présumé avec les Ummites, une certaine incohérence et une naïveté notoire.

Le recrutement du dactylographe des Ummites est d'une banalité renversante. Celui-ci aurait passé une petite annonce dans *ABC*, un journal espagnol afin de proposer ses services de dactylographie à domicile. Il y donnait son nom, son adresse et son numéro de téléphone.

Selon ce qu'il écrivit plus tard aux membres du Groupe de Madrid, il reçut alors la visite de deux hommes grands, blonds à la peau claire, fort correctement vêtus. L'un d'eux, la voix chantante, les présenta comme des médecins danois. Ils lui proposèrent de travailler pour eux à la rédaction de textes scientifiques qu'ils viendraient lui dicter. Afin de s'assurer sa disponibilité, les inconnus lui avancèrent une somme considérable que le dactylographe commença par refuser tellement cela paraissait disproportionné avec la nature du travail qu'on attendait de lui.

Trop content d'une telle aubaine, le dactylographe s'acquittait de sa tâche sans bien saisir le contenu des lettres qu'il tapait. Jusqu'au jour où ses clients lui dictèrent un texte précisant leurs origines extraterrestres. Incrédule, prenant ces individus pour des êtres mentalement dérangés, il n'en dit rien. C'est alors que les inconnus lui fournirent une preuve irréfutable de leurs dires. Laquelle ? on n'en sait rien. Toujours est-il qu'il prétendit se sentir bien seul devant cette révélation. Jusqu'à ce qu'il craque et se décide à écrire deux lettres à Enrique Villagrasa, correspondant des Ummites depuis déjà longtemps.

Le style en est assez maladroit et la langue un peu rétro, mais c'est peut-être ce qui fait tout son intérêt. S'agit-il vraiment de la lettre du dactylographe des Ummites ? Cette différence de style semble l'indiquer, bien qu'il soit toujours possible de tricher. Cependant, qu'elle soit authentique ou apocryphe, cette lettre ne manque pas de pittoresque.

(Reçue le 6 juin 1967)
Mr. D. Enrique Villagrasa Novoa
Madrid.

Très cher monsieur,

Je suis celui qui tape à la machine les documents dictés par les messieurs d'UMMO. Ils m'ont chargé de faire parvenir divers documents, dans les jours qui vont suivre, à certaines personnes. Documents que j'ai en ma possession car ils sont tous partis d'ici le premier jour du mois de juin. Ils sont partis de toute urgence. Sans prendre la peine de corriger les copies et d'apposer le cachet qu'ils mettent d'habitude sur leurs écrits. Ils ne m'ont pas donné les raisons de leur départ. Je suis inquiet car celui-ci a coïncidé avec la crise entre l'Égypte et Israël. Ils n'ont d'ailleurs pas répondu clairement à ma question sur ce sujet. Je crois que tous ceux qui étaient sur la Terre sont partis sans dire s'ils reviendraient ou non.

Selon les nouvelles que j'ai, ils se sont regroupés en Espagne, au Brésil et en Bolivie où leurs vaisseaux sont venus les chercher.

Cette précipitation me paraît d'autant plus étrange qu'ils étaient très organisés dans plusieurs pays. Ils sont venus à plus d'une trentaine à Madrid et mardi dernier ils ne savaient pas encore qu'ils partiraient.

Vous êtes sûrement au courant de tout ce qui s'est passé ces jours-ci et je n'ai pu résister à la tentation de m'en ouvrir à vous. Je crois que ce qui est arrivé dépasse tout ce qu'on peut imaginer si je le dévoilais à d'autres. Même ma femme était sceptique jusqu'à ces derniers jours car elle croyait qu'il s'agissait d'agents d'espionnage (vous savez que quand une femme se met quelque chose en tête, elle ne raisonne plus et personne ne peut la convaincre avec des arguments). A la vue de ce qui est arrivé, elle a dû se rendre à l'évidence. Depuis quelques mois, et après vous avoir écrit, il s'est passé beaucoup de choses.

Mon beau-frère, qui était au courant de ce qui se passait, eut une brouille avec moi : il pensait que cette affaire pourrait nous amener de sérieux ennuis mais moi, si on ne me donne pas de raison, je n'accepte pas de conseils ; je lui demandai quel type d'ennuis je pourrais avoir. Car, pour moi, taper à la machine ce qu'ils me dictent, n'est pas contre la loi. La vérité, c'est qu'il avait plus peur que moi car il était persuadé qu'ils disaient la vérité au sujet de leur origine d'UMMO.

A force de les fréquenter, je suis convaincu que ce sont les meilleures personnes que j'aie vues dans ma vie. Nous aimerions bien, nous, Terriens, être comme eux dépourvus de méchanceté et si compréhensifs et impartiaux pour comprendre les choses intimes. Il suffit simplement de voir la douceur et le sérieux qu'ils ont quand ils font des réprimandes. Et ne croyez pas qu'ils sont naïfs, leur regard est si pénétrant !

Mais à la fin de l'année dernière, ils m'ont dicté des lettres dans lesquelles ils disaient que l'un de leurs vaisseaux interplanétaires allait venir entre janvier et mai.

Effectivement. Lors d'une visite que me firent deux d'entre eux, le dimanche 14 mai, je remarquai qu'il se passait quelque chose. Ils me dictèrent une lettre qui m'étonna car c'était un document commercial adressé en Australie, demandant des informations sur des panneaux isolants thermo-acoustiques. Ils ne m'avaient jamais rien dicté de semblable. Le plus curieux est qu'ils me portaient des feuilles et une enveloppe timbrée avec le nom d'une firme commerciale madrilène spécialisée en décoration de locaux commerciaux. (Bien entendu, par curiosité j'ai été à cette adresse et je sais qu'il s'agit d'un architecte à qui nous n'avions jamais écrit.)

De plus, ils commencèrent à venir à la maison avec plus d'assiduité pour me dicter des informations de type scientifique. Mais ils semblaient s'en désintéresser. Avant, dès qu'un document était écrit, il était vérifié par leur supérieur, DEI 98, et on m'ordonnait de l'expédier immédiatement par courrier. Maintenant à l'inverse, ils ne me dictaient plus de textes et me donnaient une espèce d'agenda avec des instructions pour que je les envoie séparément à des dates distinctes à chaque personne. Par exemple, la lettre que je vous ai envoyée au sujet des IBOZOO UU, je l'ai gardée quelque temps en attendant la date choisie par eux.

Le jour de la Fête-Dieu, ils m'appelèrent le matin à 11 heures. Je n'étais pas là et ils eurent ma femme. Ils dirent qu'ils rappelleraient à 14 heures. Le monsieur qui était leur supérieur, DEI 98, téléphona et me demanda s'il pouvait parler avec ma YIE (eux nomment leurs épouses YIE), et en ce qui me concerne à 18 heures pour une affaire importante pour eux. Je leur dis que oui, et j'en parlais avec ma femme. Elle était très inquiète car il insista pour qu'il n'y ait personne à la maison à cette heure-là, en dehors de nous.

A l'heure dite, DEI 98 arriva avec un autre que je ne connaissais pas et qu'il me présenta comme IAUDU 3. Celui-ci ne prononça pas une parole. Nous nous réunîmes à la salle à manger et DEI 98 nous dit qu'ils attendaient à partir du 31 mai ou peut-être un peu avant, un de leurs vaisseaux qui allait atterrir à Madrid et que pour cette raison de nombreux « frères à eux » étaient venus à Madrid. Il désirait que nous lui accordions, ma femme et moi, ce qu'il appelait une grande faveur. Il nous dit que le jour suivant arriverait à Madrid celle qui était la chef de tous ceux qui étaient ici sur Terre. Il dit qu'elle arriverait de Singapour *via* Londres et qu'ils avaient commencé à prévoir son logement. Ils préféraient qu'elle passe la nuit dans un domicile particulier plutôt qu'à l'hôtel, en subordonnant ce plan au fait que ma femme et moi acceptions de les recevoir. Il nous supplia de ne pas nous sentir obligés si nous y voyions un quelconque inconvénient ou si nous avions peur de leur dire en toute liberté.

Ma femme s'empressa d'accepter mais elle était gênée car notre maison n'avait pas les commodités d'un hôtel. Elle suggéra que la supérieure dorme dans notre lit conjugal et nous soit dans le sofa soit dans la maison de ma belle-mère si cela était nécessaire. Moi, de mon côté, je dis que l'unique préoccupation était de chercher une explication au cas où les concierges viendraient à s'apercevoir de quelque chose. En réalité ce n'était pas un grand problème, car il suffisait de dire, par exemple, qu'il s'agissait d'amis suédois que nous avions connus pendant nos vacances à Malaga.

DEI 98 fit remarquer que celles qui passeraient la nuit étaient deux femmes YU 1, fille de AIN 368 et une autre « sœur » qui, comme je vous le dirai par la suite, devait être en même temps sa secrétaire et sa femme de chambre. DEI 98 nous dit aussi quelque chose qui nous étonna : qu'en aucune manière elle ne dormirait dans notre chambre en nous mettant dehors. Que nous n'avions qu'à choisir une pièce libre et que sa sœur dormirait par terre ! Quant à l'autre sœur, elle ne pouvait dormir pendant que sa supérieure le faisait.

Le 26 mai, à 19 heures environ, arrivèrent ASOO 3, fils de AGU 28, que je connaissais déjà car il m'avait dicté plusieurs lettres..., et le même homme silencieux de la veille. Ils avaient une valise de modèle courant en cuir, très moderne et de taille moyenne qui constituait peut-être les bagages des deux dames ou demoiselles qui devaient venir. Ils nous dirent qu'ils attendaient la tombée de la nuit pour faire quelque chose. La supérieure arriverait vers 22 h 30. Nous apprîmes aussi que « de nombreux autres frères » dans la rue attendaient.

Ils n'acceptèrent rien d'autre que de l'eau.

Il commençait à faire nuit quand ils nous prièrent d'éteindre la lumière de la salle à manger et d'ouvrir en grand le balcon.

Celui qui ne parlait pas espagnol resta assis avec les yeux fermés, et immobile comme s'il était hypnotisé, et l'autre sortit un instrument qui ressemblait à un stylo à plume, qui commença à émettre comme un bourdonnement continu avec des hauts et des bas, car on était en train de leur communiquer quelque chose. Tandis que l'autre se réveillait de temps en temps et lui parlait dans sa langue.

La nuit était déjà tombée. Il devait être 21 h 40, et ils mirent la valise devant le balcon et l'ouvrirent. Très impressionnés, ma femme et moi étions assis sans dire un mot. Comme en face de chez nous il y a une enseigne au néon d'un magasin d'électricité et d'appareils ménagers, on voyait bien ce qu'ils faisaient, bien qu'il n'y ait pas de lumière dans la maison. En premier, ils regardèrent s'il y avait quelqu'un sur les balcons des maisons de l'autre côté de la rue, qui ne sont pas loin mais pas tout à fait en face de chez nous. Ensuite ils commencèrent à sortir de la valise des petites boules à l'aspect métallique, de la grosseur d'une balle de tennis, et d'autres plus petites. J'en avais déjà vu une quelques mois auparavant. C'est quelque chose d'extraordinaire. Elles se maintiennent en l'air et se dirigent à toutes les hauteurs comme si elles étaient contrôlées à distance. Deux autres en sortirent, on ne les voyait pas trop bien mais elles avaient une forme qui ressemblait à ceci :

Au total, ils en ont sorti près d'une vingtaine de différents types. Ils les mettaient une à une sur le balcon comme s'il se fût agi de bulles ou de petits globes. Elles disparaissaient vers la rue. Au moins quatre boules de plus passèrent près du plafond en rasant la lampe et se postèrent dans le couloir de la maison. Ensuite, après nous en avoir demandé la permission, ils sortirent dans le couloir et nous les entendîmes ouvrir la porte de la rue. Quand ils furent de retour, la valise était vide. Celui qui ne parlait pas espagnol manipulait une baguette métallique avec un disque au centre.

A 22 h 45, on frappa à la porte. Le plus surprenant, c'est que, tout en parlant avec nous, ASOO 3 nous dit qu'elles étaient arrivées à la porte de la rue et, bien que je sache que le portail ne se fermait que plus tard, ils me dirent qu'il n'était pas prudent qu'ils descendent pour les recevoir. Nous sortîmes ouvrir, très nerveux. Accompagnées par DEI 98, il y avait deux jeunes filles. Une plus grande, et l'autre beaucoup plus jeune et menue : elles avaient des manteaux en daim très modernes, de couleur marron pour la grande et vert paille pour la plus jeune. Nous savions déjà qu'il s'agissait de la supérieure car elle avait un sac à main — mallette — en skaï ou plastique avec une inscription « BEA » des lignes aériennes. Elles n'avaient pas d'autres affaires. Elles étaient habillées d'une manière très moderne mais discrète.

La plus menue, la chef, avait un accent anglais et parlait très mal espagnol, mais elle le comprenait. Elle se dirigea vers ma femme et lui dit qu'elle la remerciait de tout cœur pour l'hospitalité du « pays Espagne ». Nous passâmes dans la salle à manger, une fois que les deux messieurs furent partis. Dans toute ma vie je ne me suis jamais senti aussi gêné car au moment où nous nous sommes assis, la demoiselle YU 1, ma femme et moi, la plus grande qui s'appelait quelque chose comme UUOO 120 et des poussières et DEI 98 — l'homme qui m'a le plus impressionné dans ma vie par son intelligence infinie — restèrent debout, ce qui créa une situation pénible. A ce sujet oui, je fais une critique car, bien que rester debout face à un supérieur soit une de leurs coutumes, ils durent se rendre compte que ma femme et moi étions très gênés.

Par exemple, moi à qui rien n'échappe, je notais que chaque fois qu'elle leur demandait quelque chose, ils répondaient en baissant les yeux comme s'ils n'osaient pas la regarder. C'était presque une enfant ; d'après ce que nous savons, elle ne devait pas avoir plus de dix-neuf ans mais en paraissait seize. L'autre devait avoir vingt-trois ou vingt-cinq ans. Ensuite ce qui nous choquait ma femme et moi, c'est que ce soit la plus jeune qui commande et nous ne nous sommes pas gênés pour le leur dire. Tous les trois se mirent à rire et elle me dit qu'il ne fallait pas croire que toutes les jeunes filles commandaient sur UMMO, cela dépendait de nombreux facteurs.

Nous parlâmes beaucoup des coutumes espagnoles. La seule chose qui lui répugnait était la corrida. On ne parla absolument pas d'UMMO. Elle nous posa de nombreuses questions sur le régime espagnol, elle était au courant de beaucoup de choses, du référendum et même des Cortes et nous lui dîmes que depuis que les rouges avaient tué mon père, nous n'aimions pas beaucoup parler de politique. Je fus stupéfait par tout ce qu'elle savait. Ma femme l'écoutait, très intimidée, sans oser parler. Elle s'en aperçut et, avec beaucoup de douceur, commença à parler de la cuisine espagnole et du fait qu'elle était attristée de savoir que les femmes espagnoles lisaient peu et qu'elles n'étaient pas formées intellectuellement comme c'est le cas pour les hommes, alors qu'elle était sûre que la féminité ne se perdait jamais à cause d'une plus grande éducation. Ensuite elle regarda l'autre en souriant et celle-ci ouvrit le sac à main et remit à ma femme une superbe encyclopédie du foyer avec des planches en couleur et en espagnol.

Nous mangeâmes là, et ma femme fut étonnée car ils l'obligèrent à se laisser aider par eux. Ce qui nous a étonné le plus c'est qu'ils mangèrent comme nous mais refusèrent de boire du vin. Ils nous avaient déjà dit qu'ils désiraient un repas sobre et ma femme avait préparé à l'avance des pommes de terre bouillies, des œufs durs et pour eux des fruits (oranges et bananes). Nous fûmes surpris quand, à la fin du repas, la supérieure se mit elle-même à faire la vaisselle, sa secrétaire restant debout sans l'aider. Ma femme, dont la timidité avait disparu, me le fit remarquer. Pendant qu'elles séchaient la vaisselle, elles parlèrent beaucoup. (Nous étions restés en train de parler à la salle à manger, DEI 98 et moi.) Quelque chose d'autre nous choqua :

avant de commencer à souper, ils nous demandèrent la permission d'ôter leurs chaussures. La secrétaire se mit à genoux, et avec simplicité, elle ôta les chaussures de sa chef. Ensuite ils ôtèrent tous les leurs. Ils s'assirent durant le repas mais ne parlèrent pas tant qu'elle ne les interrogea pas. Le plus surprenant se passa ensuite : très discrètement ils nous demandèrent la permission de se retirer. Nous les suppliâmes à nouveau de dormir dans notre lit ou au moins dans un canapé-lit, mais ce fut inutile.

DEI 98 alla dans la rue. J'appris qu'il se rendait dans un hôtel des environs, où ils avaient probablement installé une sorte de quartier général, dans le but de protéger YU 1, je crois.

Je crois aussi qu'ils furent quelques-uns à tourner dans les environs, toute la nuit.

J'ai dit que c'était très surprenant effectivement car elle ne voulut même pas accepter la couverture que lui proposait ma femme. Elle nous dit en souriant qu'elle allait tout simplement dormir par terre. Dans la salle à manger même. Nous étions sans savoir que faire ou que dire. La plus grande nous demanda la permission de « mettre quelque chose par terre » et nous avertit de ne pas nous inquiéter car le lendemain matin il n'y aurait plus de trace et cela n'abîmerait pas le carrelage. Elle sortit un cylindre, d'aspect nickelé, qui émit une quantité incroyable de mousse et qui laissa une grande tache sur le sol comme s'il avait été verni. On n'osa même pas demander ce que c'était. YU 1 se mit à l'intérieur et nous sortîmes tous les trois.

L'autre fille nous dit qu'elle ne se coucherait pas et qu'elle resterait toute la nuit debout dans le couloir. En rentrant dans la chambre à coucher, nous étions, ma femme et moi, si nerveux et préoccupés, que nous n'osions même pas nous déshabiller. Je ne sais pas pourquoi, mais ma femme me rendit de plus en plus nerveux en disant que la police risquait de venir, comme si nous étions en train de commettre un crime ou quelque chose de mal. Nous étions assis sur le lit sans parler, quand au bout de vingt minutes, elle se leva en disant qu'elle allait demander si elles avaient besoin de quelque chose. Au retour elle me raconta : la plus grande se promenait dans le couloir,

les bras croisés et dans l
s'il était raisonnable de l
der si elle avait besoin d
effet c'était plus courtois
mais elle lui dit que ce n'
pas encore. Elles entrèren
a une grande table et une p
Le balcon était entrouvert.
femme dit qu'au sol, à côté
un disque un peu plus granc
tas qui était phosphorescent
bien. Elle se redressa et ma fe ... désirait
quelque chose, car elle était ne ... pensant qu'elle manquait de confort. Ma femme dit aussi qu'elle portait une espèce de maillot de bain. Comme la lumière était insuffisante, elle ne put voir en quoi était fait ce maillot. Elle était au sol, sur la tâche jaune. Elles échangèrent quelques paroles puis sortirent de nouveau.

Dans le couloir, elle parla avec l'autre. Elles restèrent un long moment en parlant à voix basse. Cette « jeune fille » était mariée et son mari était sur UMMO ; elle a été sélectionnée pour venir sur notre planète. Sur UMMO, elle était l'équivalent d'un professeur de mathématiques mais ma femme n'arriva pas bien à m'expliquer en quoi consistait sa mission sur Terre. Il semble que cela avait un rapport avec l'étude de l'histoire des anciennes sciences physiques de la Terre. En étant au Mexique, elle avait désobéi et il semble qu'elle subissait une punition en servant de femme de chambre à son chef. Bref une longue histoire.

Nous nous levâmes de bonne heure. Elles étaient en train de parler dans la salle à manger. Elles nous demandèrent l'autorisation d'utiliser la salle de bains. La plus grande se lava d'abord et YU 1 resta dehors en discutant avec nous. Ensuite elle la rejoignit dans la salle de bains. Chose curieuse, ma femme constata qu'elles n'avaient utilisé ni les savons ni les serviettes alors qu'elles s'étaient servies de la baignoire. Au sol, la tache jaune avait disparu. Même avec une loupe, il ne

…voulurent pas prendre de petit déjeuner …our que nous le fassions, ma femme et moi. …re chose : YU 1 parlait avec nous et l'autre qui …t se mit à regarder avec curiosité, en tournant la tête, …bles de la salle à manger. La jeune s'en aperçut et dans …ngue lui dit quelque chose sur un ton qui nous parut doux, …ais la plus grande, UUO, se mit à rougir, les lèvres tremblantes et les yeux remplis de larmes. Nous, nous avons fait semblant de rien et avons continué à parler.

Elles partirent de bonne heure et revinrent à la nuit. Nous n'oublierons jamais les conversations que nous avons eues avec cette jeune fille. Ma femme était si impressionnée qu'elle me confia que maintenant elle croyait vraiment qu'ils étaient d'UMMO. De plus, ce même jour, le 27, DEI 98 vint me dicter un certain nombre de lettres dont vous recevrez certaines. Dans l'une, il annonçait la nouvelle de l'arrivée de leurs vaisseaux interplanétaires au Brésil, en Bolivie et en Espagne. Il me dicta d'autres documents et me dit qu'il continuerait à le faire dimanche et mardi car il ne savait pas si sa supérieure leur donnerait à tous l'ordre de partir. Lui pensait que oui, car il était certain que plus personne ne descendrait du vaisseau et que tous ses frères avaient reçu ordre de se regrouper au Brésil, en Bolivie et en Espagne, quittant tous les autres pays. Je lui demandai s'ils reviendraient et il me répondit qu'il ne savait même pas s'ils allaient partir. Je lui ai demandé aussi si elle le savait ou s'ils attendaient des ordres de ceux du vaisseau et il me répondit qu'il n'était pas nécessaire d'attendre les vaisseaux pour connaître les ordres (eux appellent leurs vaisseaux OAUELEA UEBA OEMM) et qu'elle le savait mais qu'elle n'était pas habituée à donner des explications à ceux qui étaient sous ses ordres. Il préférait quand même me dicter certains documents pour que je les envoie à certaines personnes à des dates déterminées et cela pour le cas où l'ordre de départ serait donné. (Il me fit taper trois autres documents pour trois personnes qui résident à Paris et Lyon, écrits en français.) Le jour suivant, dimanche après-midi, YU 1 revint sans sa sœur mais accompagnée par ASOO 3 et par un autre que je ne connaissais pas, très jeune et qui ne parlait pas non plus

l'espagnol (ou qui ne voulait pas le parle
petits paquets à expédier et une enveloppe
demandant de ne pas l'ouvrir, et ASOO 3 me dit
que quoi qu'il arrive, je garde le silence sur mon ide
s'ils revenaient sur Terre une autre personne et moi-même ét
leurs seules relations en Espagne. YU 1 nous fit ses adieux le mardi matin en disant qu'elle ne dormirait plus chez nous et qu'elle passerait la nuit aux alentours de Madrid. DEI 98 vint la chercher et ils montèrent dans un taxi dont j'ai noté le numéro d'immatriculation. Au moment du départ, nous étions très impressionnés. Je ne les ai plus revus.

J'ai appris l'arrivée du vaisseau par les journaux. Dans l'un d'eux il y avait même des photographies. Ma femme et moi avons passé la nuit du mercredi à nous promener près de « La Case de Campo et Arguelles » car ils nous avaient dit que l'arrivée du vaisseau était plus probable le mercredi que le jeudi.

Le jeudi, nous restâmes jusqu'à 23 h près de la cité universitaire et comme il ne se passait rien, morts de sommeil, nous sommes rentrés. L'après-midi suivante nous avons appris la nouvelle par le journal *Pueblo* et nous avons acheté tous les journaux de l'après-midi pour avoir des nouvelles. Moi j'avais compris depuis longtemps, mais ceci, s'il restait un doute, finit de me convaincre ainsi que mon épouse. Je ne sais pas si je rêve et si vous n'étiez pas là, vous, ma femme, mon beau-frère et les nouvelles des journaux, je croirais que je suis fou. Cette histoire est la plus importante de ma vie, et s'ils ne m'avaient pas demandé d'être discret, cela ne me ferait rien qu'on me prenne pour un fou et je le crierais aux quatre vents. Une seule chose me préoccupe maintenant. Pourquoi sont-ils partis ainsi, tous, et si vite ?

Le dimanche soir, nous eûmes, ma femme et moi, une longue conversation avec YU 1.

Elle nous donna de merveilleux conseils sur la nourriture, sur l'éducation des enfants. Nous avons parlé des voyages spatiaux des Américains sur la Lune et elle nous a raconté des choses sur l'astronomie qui nous laissèrent bouche bée, à tel point que, moi qui étais complexé au début car c'était presque une gamine, je

pas comment on en vint
Égypte et les Juifs. Je lui
nous dit de nous tranquil-
mondiale, mais ensuite elle
ent d'une manière très signi-
était aperçue que nous avions
d'une voix assurée qu'il fallait
uerre n'aurait pas lieu. Mais j'ai
ous les sens. Pourquoi sont-ils par-
On dit que les rats abandonnent le
navi… finisse de couler… Ils faisaient leurs études, ils … eurs documents scientifiques et d'autres choses et puis su… nt… Nous ont-ils dit qu'il n'y aurait pas de guerre comme on … ment aux enfants avant un bombardement ? Ils sont très au courant de la politique et des armements. DEI 98 m'avait annoncé par avance l'heure exacte de l'explosion de la bombe chinoise, heure qui fut confirmée par les journaux (chose qui, alors, me fit penser que ma femme avait raison et que c'était bien des espions).

Enfin, je me suis confié à vous, car cela était nécessaire. Je pense écrire ce soir une autre lettre à une autre personne parmi celles qui reçoivent des documents.

Je désire vous exprimer mon amitié, puisque nous avons été, vous et moi, témoins de tout ceci. Excusez-moi de ne pas signer.

Note : La tige métallique avec un disque au centre, manipulée par un des visiteurs du dactylographe, peut être identique à celle en nickel que l'on a trouvée à Santa Monica (voir « Un cas parfait »).

(Documents traduits par Jean-Jacques Pastor
et publiés dans *Ummo, le langage des extraterrestres*,
aux Éditions du Rocher.)

Qui est l'auteur de cette lettre pour le moins déconcertante ? Un allumé sous influence qui se laisse berner par des manipulateurs adroits ? L'auteur des lettres en personne qui cherche à renforcer la crédibilité de sa supercherie ? Ou bien le véritable dactylographe au service des Ummites ? Mystère. Les destinataires des lettres, eux-mêmes plus ou moins crédules, n'ont jamais poussé l'enquête jusqu'au bout. Et pourtant, cette lettre contenait des indications qui méritaient toute l'attention d'un esprit soucieux d'établir la vérité sur les lettres ummites. Souvenez-vous : YU 1, la chef, portait un sac de la compagnie aérienne BEA et aurait voyagé de Singapour à Madrid, *via* Londres. Cette information, dans la mesure où la lettre était assez précisément datée, pouvait être vérifiée. A défaut de l'identifier clairement, il aurait été possible de savoir si elle avait existé ou non, d'autant plus qu'elles ont voyagé toutes les deux ensemble. Admettons qu'il n'était pas facile d'avoir accès aux listes de passagers et à leur description. Il n'en va pas de même avec les indications très précises sur le lieu où se déroule l'action, donc sur le logement du dactylographe (le balcon ouvrant sur l'enseigne lumineuse d'un magasin d'électricité). Celles-ci, complétées par le bureau de poste d'origine, auraient peut-être permis de localiser le dactylographe. Or, les correspondants espagnols des Ummites ont bien commencé cette enquête. Sans résultat.

Quand on demande à Rafael Farriols, principal animateur du Groupe de Madrid, de raconter cette enquête et son abandon prématuré, il se fait évasif : « Ça n'a pas donné grand-chose », lance-t-il embarrassé. Et de lancer un regard en coin à son épouse avant de détourner la conversation.

Cependant, nous savons par d'autres sources locales que, alors qu'ils étaient près du but, l'un des enquêteurs, policier de son état, et pas n'importe quel policier, le commissaire Garedo, quelqu'un qui disposait donc des moyens de son administration, reçut un coup de fil des Ummites lui intimant l'ordre de mettre un terme à cette démarche. Cela, prétendaient-ils, ne pourrait que mal se terminer puisqu'ils avaient la ferme intention de ne pas se laisser démasquer. Alors que n'importe quel Tintin d'opérette se serait senti dans l'obligation de poursuivre, notre commissaire, gagné à la thèse extraterrestre et impressionné par la réaction ummite cessa immédiatement l'enquête, sans même prendre la peine de chercher à localiser la provenance de l'appel téléphonique.

Aujourd'hui, ces éléments sont devenus tout à fait invérifiables et le seul indice qui reste est en faveur de l'hypothèse extraterrestre. En effet, la baguette métallique et son disque central agités par l'Ummite qui ne parlait pas espagnol semble identique à la tige de nickel retrouvée à Santa Monica après d'étranges événements qui font penser à l'atterrissage d'un vaisseau spatial inconnu.

6.

LA SCIENCE DES UMMITES

Les Ummites sont des extraterrestres bien sympathiques. On se sentira d'autant plus proches d'eux qu'ils sont doués d'une morale aux allures plutôt judéo-chrétiennes qu'ils respectent scrupuleusement. Mais attention leur morale est à deux vitesses.

La révélation divine leur impose une morale « une et éternelle » sur laquelle ils ne s'étendent pas mais qui fait du mal, non pas une émanation de Satan, mais une production du « Moi pensant libre qui reflète sur notre conscience toute une variété de formes plus ou moins mauvaises et qui perturbent notre affectivité ». Le bien, à défaut d'être défini clairement dans la littérature ummite, semble fondé autour de l'idée que les Ummites aiment leur Dieu. Pas question chez eux de le craindre. Mais puisque ce Dieu reste inaccessible, les Ummites projettent cet amour sur tous leurs frères, sans distinction d'âge, de fonction ou de statut social.

La deuxième source de leur morale provient de « la participation active de nos frères ». Autrement dit leur morale s'adapte aussi aux circonstances, ce qui apparaît bien pratique. L'élaboration de cette morale est dictée en continu par de nouvelles interprétations appropriées « au temps et à l'espace », elle est conditionnée par les progrès culturels et, comble de sophistication, elle évolue aussi au rythme du développement du cerveau de l'espèce. Les progrès de la technologie aussi semblent influer sur cette morale. Un peu comme nous qui avons su modifier notre attitude devant l'apparition des techniques de contraception, d'avortement et maintenant devant les manipulations génétiques qui rencontrent encore de sévères résistances.

Les Ummites semblent avoir une confiance inébranlable dans le progrès. En effet, jamais ils n'ont connu le mythe du « bon sauvage » cher aux disciples de Rousseau. « Chez nous, écrivent-ils, aucun expert en philosophie religieuse n'a invoqué un retour à des stades de civilisation antérieure. »

La morale s'impose aux Ummites sans contrainte, par la simple conséquence de l'état de leurs connaissances. Ces lois morales s'articulent en normes spécifiques selon la situation et le « niveau mental » de l'Ummite concerné.

Cette morale somme toute très humaine — toutes les morales extraterrestres seraient-elles nécessairement proches ? Comme si la vie intelligente ne pouvait se passer de poser la question du bien et du mal ? — cette morale pose aux Ummites un sérieux problème. Leur déontologie d'explorateurs galactiques veut qu'ils ne perturbent en aucun cas la civilisation qu'ils visitent. Tout comme le sociologue tente de ne pas influer sur son objet d'étude, les Ummites doivent donc nous étudier sans laisser deviner leur présence et surtout leur origine. Ce qui est d'autant plus facile que leur physique est assez proche du nôtre. Selon leurs lettres : « Une morale cosmique nous interdit d'intervenir, à moins que des circonstances imprévisibles ne nous y contraignent. » Or, la même déontologie veut aussi qu'ils ne prennent rien sans donner quelque chose en échange. Autrement dit, ils se voient contraints de nous livrer, en guise de dédommagement, un peu de leur savoir. Mais pas trop. Car, alors, notre évolution culturelle et technologique serait bouleversée.

« L'idée que des êtres d'origine galactique puissent arracher l'humanité terrestre aux misères inhérentes à sa propre évolution, peut déclencher, chez vos frères, des mécanismes émotifs très difficiles à contrôler. Pour cette raison, nous avons refusé systématiquement — et notre attitude n'en sera que plus ferme — de vous offrir des faits objectifs qui confirment pleinement notre existence ou de vous remettre des preuves absolues qui garantissent notre témoignage ou, enfin, de vous clarifier certains concepts qui semblent obscurs dans nos écrits.

De cette manière, nous évitons que l'information diffusée auprès de quelques terriens n'atteigne un seuil de vraisemblance dangereux. » Voilà ce qu'écrivent les Ummites au secrétaire général du groupe d'études cosmologiques Eridani de Madrid en 1971. Et de poursuivre : « Avec émotion, nous avons aussi une irrépressible affection pour certains de vos frères, dans la mesure où, davantage guidés par leurs nobles sentiments que par un rationalisme logique, ceux-ci ont été impérieusement poussés à nous admirer, assimilant nos idées à l'extrême. Pour cette raison, il nous est pénible d'être contraints de contester avec une douce dissuasion leur comportement erroné. »

Selon les Ummites, les habitants de la Terre sont donc encore loin de pouvoir accepter sans encombre l'existence d'une autre humanité que la leur. Si par malheur les connaissances et les pouvoirs qu'ont acquis les Ummites venaient à se répandre sur Terre, le pire serait à craindre, pensent-ils. En effet, leurs connaissances en physique permettraient de mettre au point des armes cent mille fois plus puissantes que les nôtres. Les Ummites rapportent d'ailleurs qu'une planète de la galaxie a été entièrement vitrifiée par des armes semblables. Il va sans dire qu'aucune forme de vie n'a pu survivre à la surface de cet astre dévasté.

Les Ummites ont bien compris que nos civilisations terrestres n'ont toujours pas atteint un niveau de conscience assez avancé pour disposer de ces moyens sans en faire un usage négatif. Même si l'ambiance terrienne semble avoir récemment évolué, les Ummites ne semblent pas nous considérer comme dignes d'en savoir plus. Le nombre de lettres qui parviennent encore aux correspondants espagnols se restreint d'ailleurs de plus en plus, comme s'il ne restait plus sur Terre que quelques individus, une sorte de veilleurs dépourvus de moyens. A moins qu'il ne s'agisse d'une supercherie dont les auteurs se seraient lassés. Si c'est le cas, on le serait à moins ! Pourquoi donc écrire des milliers de feuillets d'une extraordinaire complexité pour finalement abandonner sans recueillir ne serait-ce que la gloire d'avoir berné ses semblables. Certains exégètes de l'affaire Ummo pensent au contraire que les Ummites ont cessé de faire parvenir des documents aux Espagnols parce que ces derniers ont été trop bavards. D'autres cercles, plus discrets, dans d'autres pays, continueraient ainsi à recevoir des messages ummites mais se garderaient bien de le faire savoir. Ce qui expliquerait par exemple que de nombreux scientifiques américains, canadiens, soviétiques ou autres avouent avoir eu vent de l'affaire mais ne veulent en aucun cas en parler.

Non seulement les Ummites ne veulent pas nous transformer mais ils affirment haut et fort qu'ils ne sont pas à la recherche de disciples. Pas question pour eux de créer une secte ou de provoquer une quelconque dévotion à leur égard. Connaissant la crédulité de certains d'entre nous, les Ummites mettent les points sur les i à plusieurs reprises :

« Nous ne venons pas en prophètes descendus du ciel pour vous apporter une nouvelle doctrine, une nouvelle physique, une nouvelle religion, de nouvelles mathématiques ou des remèdes miracles à vos maux sociaux ou physiologiques en nous appuyant sur notre maturité culturelle plus avancée », précisent les rédacteurs ummites. Ailleurs, ils insistent en soulignant : « Ne nous croyez pas. Accueillez nos propos avec méfiance. Nous ne souhaitons absolument pas que vous tombiez dans la tentation de permuter vos idées religieuses, scientifiques et politico-économiques avec les nôtres. » Toute la subtilité de la stratégie des Ummites envers nous est là : ils écrivent mais s'entourent d'un rideau de fumée à travers lequel il est impossible de vérifier la teneur de leurs dires. Chaque fois qu'ils donnent une information, parfois très précise, elle est discréditée par une autre information absurde, incohérente ou carrément contraire. Les lettres ummites ne permettent jamais de réaliser une expérience ou même d'affirmer l'origine de leurs rédacteurs. Ils ne se privent pas de mettre en garde quiconque voudrait établir une preuve du ridicule qui le frapperait aussitôt qu'il se lancerait dans une telle entreprise. Les Ummites prennent donc le risque de nous délivrer quelques bribes de leur savoir tout en sachant très bien que cette masse documentaire est parfaitement inutilisable. Ajoutez à cela le scepticisme de nos élites intellectuelles et voici nos amis extraterrestres bien protégés. Ils estiment ainsi être parvenus au compromis idéal : « Ainsi nous avons pleinement obtenu l'équilibre psychosocial recherché, grâce auquel il nous est possible d'offrir, à une minorité d'intéressés des informations authentiques concernant nos coutumes, les caractéristiques de l'astre solidifié UMMO, notre histoire, notre niveau scientifico-technologique, tout en introduisant la dose nécessaire de scepticisme qui stérilise le potentiel "sensationnaliste" contenu dans ces révélations. »

Les Ummites voudraient-ils nous en dire plus qu'ils ne pourraient le faire. La raison tient à la nature même de leur pensée. Ils l'expliquent très clairement dans l'une des premières lettres reçues par Antonio Ribera :

« Il n'est pas possible de vous donner une synthèse de notre culture sans courir le risque de rendre nos conceptions peu convaincantes faute de pouvoir accompagner nos dires des développements qui s'imposent.

« Nous désirons vous offrir un panorama superficiel dans différents domaines qui vous soient familiers : cosmophilosophie, morale-religion, physique.

« Pour nous, une telle discrimination est artificielle dans la mesure où nous considérons la chaîne du cosmos comme un "tout" harmonique que l'on ne peut atomiser en disciplines ou sciences distinctes sans déformer gravement la vérité. Les liens entre les différents aspects de l'univers sont si intimes que leur projection mentale sous forme de compartiments étanches peut devenir aliénante pour le chercheur.

« La transcription de ces idées devient d'autant plus délicate si vous tenez compte de la façon radicalement différente dont nos esprits sont conformés. Nous ne pouvons utiliser un langage commun intelligible des deux côtés (...). Vos frères Rilke, Neruda ou Garcia Lorca auraient-ils pu exprimer leur exquise sensibilité par le seul instrument du contenu linguistique de l'index d'un manuel d'électronique ?

« En ce qui nous concerne, il ne s'agit pas de chercher un phonème ou un mot espagnol dont la signification soit analogue à celle d'un mot de notre langue. Car, même si cela pouvait arriver, les expressions complexes intégrées dans ces paroles en espagnol cacheraient des significations insolites pour les habitudes topiques de la pensée terrestre (...). Le pouvoir évocateur des phonèmes qui vous sont familiers bloque toute intention sérieuse de transvasement culturel exogéognostique. »

Notez au passage le style assez particulier des Ummites. Ces auteurs font preuve d'une culture très étendue qui confine à l'érudition. Leurs tournures sont toujours un peu alambiquées alors qu'ils semblent par ailleurs posséder parfaitement la langue espagnole.

Ces avertissements préliminaires sur la nécessité de décrédibiliser leur propre information et sur la difficulté de communiquer des concepts radicalement étrangers sont renouvelés à plusieurs reprises. L'effet est certain. La lecture des lettres ummites laisse un curieux sentiment de confusion générale. Aucune certitude ne parvient jamais à se dégager de ces documents.

A peine est-on enthousiasmé par une idée nouvelle qu'on découvre au détour d'une ligne une énormité qu'aucun scientifique sérieux, fût-il originaire d'Ummo, n'aurait laissé passer. La même stratégie se retrouve à tous les niveaux, comme par exemple dans le cas de l'atterrissage, où dès lors que les faits paraissent indiscutables, que les plus éminents spécialistes en viennent à parler sérieusement de phénomène extraterrestre, un fait nouveau fait s'écrouler toutes les certitudes et classer l'affaire comme un vulgaire canular. Et pourtant, il se passe des choses troublantes dans cette affaire Ummo...

Bien qu'il n'y ait pas de scientifiques de haut niveau parmi les correspondants connus des Ummites, un certain nombre de savants ont au moins reçu des copies de leurs lettres. Malheureusement, aucun d'entre eux n'a jamais donné son avis officiel sur le contenu des lettres.

Mis à part des études sommaires et éparses sur la forme, la langue et le dictionnaire ummite, pas la moindre publication scientifique digne de ce nom ne fait état du contenu des documents ummites. Et pour cause : quel referee, ces garants du sérieux des revues scientifiques officielles, accepterait un texte qui se propose de vérifier des thèses avancées par des soi-disant extraterrestres ? Ne rêvons pas, c'est impossible. Cela n'a pas empêché certains chercheurs de s'inspirer de ces documents pour ouvrir de nouvelles directions d'investigation théorique, en physique, en cosmologie et en biologie notamment. On comprendra qu'ils tiennent à garder l'anonymat. Ce que je respecterai scrupuleusement, sachant que leur avenir de chercheur est en jeu.

Il fallait cependant en avoir le cœur net : ces documents sont-ils le fruit d'un délire scientiste, ou contiennent-ils de véritables informations ? Les hypothèses avancées dans les lettres comme des certitudes sont-elles complètement idiotes ? Nous nous sommes adressées à deux scientifiques français de haut niveau et leur avons demandé de nous faire part des réflexions que leur suggère la lecture des textes ummites. L'un, biologiste de réputation internationale, a bien voulu commenter les lettres traitant de biologie et de génétique. L'autre, mathématicien passionné de physique théorique et de philosophie s'est penché sur les documents abordant la physique des particules et les conceptions ummites du cosmos. Comme la plupart des scientifiques à qui nous l'avons demandé, tous deux s'inquiètent des réactions de leurs pairs, gens prompts à utiliser les procédés les plus bas pour faire place nette autour d'eux. Nous respecterons donc cet anonymat salvateur.

C'est avec beaucoup de sérieux, sans préjugé, que ces esprits rationnels et méthodiques ont lu les documents que nous leur avons soumis. Nous les en remercions vivement.

Il est frappant de voir que, très vite, ces savants se sont passionnés pour ces textes. Non pour leur origine mais pour leur contenu qui leur semblait parfaitement digne d'intérêt. Un peu comme un chercheur peut prendre plaisir à lire un ouvrage de science-fiction et y trouver matière à réflexion. Ainsi, alors que nous avions seulement prévu un entretien avec chacun, ils ont tous deux manifesté un tel intérêt que nous en avons plusieurs fois reparlé au téléphone et ainsi approfondi cette analyse. Le contenu scientifique des lettres ummites n'est donc pas une pure élucubration. Mieux : les théories qu'ils avancent dans les années soixante font état de phénomènes découverts tout récemment. Simple intuition du rédacteur ou véritable savoir d'une civilisation originaire des confins de la galaxie ? On peut toujours rêver. Quoi qu'il en soit, la rédaction des lettres a nécessité une solide culture scientifique.

« C'est la première chose qui m'a frappé en découvrant ces textes, remarquait un physicien du CNRS. Dans des lettres datées de 1965 et 1966, les auteurs font allusion à une structure de l'univers très particulière que l'on retrouve dans les travaux de Sakharov publiés en 1967. » Est-ce à dire que le savant soviétique, alors encore libre de ses mouvements — dans la mesure du régime communiste — aurait eu connaissance, et se serait inspiré de la correspondance ummite ? Dans ce cas il s'est bien gardé de le dire à quiconque. Il se permet tout de même de déclarer, en 1975, dans son discours de réception du prix Nobel :

« Il y a des milliers d'années, les tribus humaines souffraient de grandes privations dans leur lutte pour l'existence. Il était alors important, non seulement de savoir manier une matraque, mais de posséder la capacité de penser intelligemment, de tenir compte du savoir et de l'expérience engrangés par la tribu et de développer les liens qui établiraient les bases d'une coopération avec d'autres tribus. Aujourd'hui, la race humaine doit affronter une épreuve analogue. Plusieurs civilisations pourraient exister dans l'espace infini, parmi lesquelles des sociétés qui pourraient êtres plus sages et plus "performantes" que la nôtre. Je soutiens l'hypothèse cosmologique selon laquelle le développement de l'univers se répète un nombre infini de fois, suivant des caractéristiques essentielles. D'autres civilisations, y compris certaines plus performantes sont inscrites en nombre infini de fois sur les pages "suivantes" ou "précédentes" du Livre de l'Univers. Néanmoins, nous ne devrions pas minimiser nos efforts sacrés en ce monde, où, comme de faibles lueurs dans l'obscurité, nous avons surgi pour un instant du néant de l'inconscience obscure à l'existence matérielle. Nous devons respecter les exigences de la raison et créer une vie qui soit digne de nous-mêmes et des buts que nous percevons à peine [1]. »

1. Extrait de A.D. Sakharov, *Œuvres scientifiques*, Anthropos, 1984.

Quelle est donc cette théorie mirifique commune à Sakharov et aux Ummites ? Les cosmologistes terriens basent leurs conceptions de l'univers sur l'idée qu'il est issu d'une sorte d'explosion gigantesque, le Big Bang. Si ce modèle tient assez bien debout aujourd'hui, c'est justement grâce à Sakharov. En effet, les savants avaient un grave problème : si le Big Bang avait produit d'énormes quantités de particules de très haute énergie — les précurseurs de la matière qui le compose aujourd'hui — il aurait dû produire exactement la même quantité d'antiparticules. Celles-ci, entrant en contact avec les particules les auraient immédiatement annihilées et jamais l'univers n'aurait pu voir le jour. Comment se fait-il alors qu'il existe ? Personne ne voyait une explication convaincante, jusqu'à ce que Sakharov suppose l'existence d'un phénomène physique tout à fait surprenant : la rupture de symétrie. Cette rupture a permis qu'une petite partie de matière survive à la confrontation avec l'antimatière. Certes, il ne restait pas grand-chose — à peine une particule sur un milliard — mais cela suffisait pour que l'univers prenne l'apparence que nous lui connaissons aujourd'hui avec ses galaxies peuplées d'étoiles, de planètes, de quasars et autres pulsars aux aspects si étranges, mais bien visibles. Restait à savoir ce qui avait pu causer cette rupture de symétrie. On ne connaît pas la réponse. Les savants du monde entier la cherche au cœur de leurs accélérateurs de particules toujours plus puissants et sophistiqués.

Peu de temps après, Sakharov explora l'une des conséquences mathématiques les plus surprenantes de sa théorie : la naissance d'un univers jumeau simultanée à la naissance de celui dans lequel nous vivons. Cet univers d'antimatière, d'une structure semblable au nôtre, mais inversée, évoluerait indépendamment. Or, voyez ce qu'écrivent les Ummites près de deux ans avant que le physicien soviétique ne publie ses travaux :

« Il n'existe pas un seul cosmos, mais une infinité de paires de cosmos. La dualité dans la genèse cosmologique existe aussi.

« La différence entre les éléments A et B de chaque paire s'appuie sur le fait que leurs structures atomiques respectives diffèrent par le signe de leur charge électrique (vous l'appelez incorrectement matière et antimatière). Par exemple, notre cosmos jumeau existe aussi mais :

« 1) Dans ses atomes, l'écorce est formée par des électrons positifs (positrons) et le noyau par des antiprotons.

« 2) Les deux cosmos ne pourront jamais être en contact. Croire qu'ils peuvent se rencontrer n'a pas de sens, étant donné qu'il n'y a pas de relations dimensionnelles qui les séparent. Cela n'a pas de sens de dire que tant d'années lumière les séparent et que leur existence est simultanée dans le temps.

« 3) Les deux cosmos possèdent la même masse et le même rayon, correspondant à une hypersphère de courbure négative.

« 4) Les deux univers jumeaux jouissent de singularités distinctes (exprimé autrement : dans notre cosmos jumeau il n'existe pas le même nombre de galaxies et celles qui y sont intégrées ne possèdent pas la même structure). Il n'existe donc pas un autre Ummo, ni une autre Terre jumelle comme on pourrait le supposer. Cette dernière conclusion n'est pas hypothétique.

« 5) Les deux cosmos jumeaux furent créés simultanément, mais leurs deux flèches du temps ne doivent pas être considérées comme étant orientées dans le même sens. Ce serait un manque de logique que d'exprimer que ce cosmos coexiste avec le nôtre dans le temps, ou bien qu'il existait avant, ou qu'il existera après. Il est seulement orthodoxe de dire simplement qu'il EXISTE. Mais non pas "maintenant", "avant", ou "après". Par contre, dans un intervalle d'évolution, il sera parallèle au nôtre. »

La similitude avec la vision de Sakharov est saisissante. Cette ressemblance s'accentue soudain à la lecture d'un autre document ummite intitulé « Autour du concept d'espace ». Ce texte affirme que l'univers jumeau est énantiomorphe, c'est-à-dire symétrique, comme l'image dans un miroir, au nôtre.

Si Sakharov n'avait pas connaissance des lettres ummites, ce qui n'a malheureusement pas pu être vérifié, même par des journalistes amis qui ont rencontré ses plus proches collaborateurs à Moscou alors que le savant était en exil à Gorki, s'il n'en avait pas connaissance, donc, il faut en déduire que le contenu des lettres ummites sur la question ont été écrites par des gens qui avaient un savoir considérable pour l'époque. Étaient-ils vraiment des extraterrestres et Sakharov ne fit-il que découvrir de son côté des théories que ces êtres mystérieux connaissent depuis bien longtemps ? C'est bien sûr l'hypothèse la moins raisonnable. On peut aussi supposer que Sakharov avait parlé à son entourage de sa théorie avant de la publier. Les auteurs des lettres devaient donc effectivement faire partie d'un petit cercle d'initiés, très proches des milieux scientifiques soviétiques. Dans les années soixante, les sciences physiques n'étaient pas aussi vulgarisées qu'aujourd'hui. Il y avait certainement moins d'une centaine de personnes au courant de cette vision cosmologique. Il est malheureusement trop tard pour chercher parmi eux un imposteur susceptible d'avoir écrit les lettres.

Mais il y a plus impressionnant encore. On le voit dans le début du document que nous venons de citer, les documents ummites font état d'une structure de l'univers en « pluricosmos ». Si notre univers a un jumeau, tous deux sont perdus parmi une infinité d'autres paires d'univers qui coexisteraient simultanément. Cette vision vertigineuse, totalement impensable à l'époque de ces documents semble s'imposer aujourd'hui dans le monde de la cosmologie. C'est encore un cosmologiste soviétique, Andréi Linde, ancien collègue de Sakharov (tiens, tiens...) qui en est l'artisan. D'après lui, ses calculs n'ont rien à voir avec les lettres ummites qu'il avoue ne pas connaître. Toujours est-il que sa théorie, l'inflation chaotique, pour ainsi dire la seule qui satisfasse aujourd'hui toutes les contraintes qu'imposent les observations astronomiques, implique l'existence d'une infinité d'univers qui évoluent simultanément au nôtre. Des univers dotés de lois physiques qui peuvent être semblables ou radicalement différentes de celles qui régissent notre monde. Cependant, Linde ne parle pas des jumeaux qui accompagneraient ces bulles de mini-univers. De plus, sa conception des univers-bulles qui sont issus chacun les uns des autres diffèrent sensiblement de celle des Ummites. Voici, en substance, ce que disent les auteurs d'une lettre de 28 pages dactylographiées sur la notion de « pluricosmos » :

« ... ce que nous appelons "pluriunivers" : une infinité de cosmos coexiste pour un hypothétique observateur pouvant observer [le réseau des entités physiques fondamentales] sous diverses perspectives. Tout comme une sculpture peut être photographiée sous des angles différents, produisant ainsi des images elles-mêmes différentes sur la plaque sensible. Dans la pratique un tel observateur existe. Il existe des moyens techniques pour passer d'un univers à l'autre. C'est d'ailleurs ce que nous faisons lors de nos voyages. »

Les conceptions ummites sur l'univers et l'espace expliquent, en partie, l'astuce mise en œuvre pour réaliser l'incroyable voyage d'Ummo vers la Terre. Une navigation cosmique de quatorze années lumière, que les Ummites auraient accomplie en quelques mois ! Aussi fou que cela puisse paraître, leur description de la structure de l'univers autorise ce périple spatio-temporel. Cela résout une autre énigme troublante : dans un document extrêmement détaillé consacré à la description de leur vaisseau spatial, ils ne font jamais mention de leur moyen de propulsion. Discrétion stratégique ou manque d'imagination du rédacteur ? C'est peut-être tout simplement parce qu'*ils n'ont pas besoin de propulseur !* En effet, les Ummites expliquent que, grâce à un système d'inversion de la matière, leur vaisseau bascule dans l'univers jumeau ou dans un autre état de l'univers. En jouant sur le temps, ils peuvent passer ensuite du jumeau à notre univers à l'endroit qu'ils ont décidé, sans avoir parcouru une distance importante.

Pour mieux comprendre cet étonnant processus il faut plonger plus avant dans les documents ummites qui nous parlent de la matière, des particules fondamentales et de l'espace. Dans ce domaine leurs propos sont parfois d'une intuition géniale et ne laissent pas indifférents les physiciens qui les ont eus sous la main.

Plus les savants s'approchent des composants ultimes de la matière, plus leur appréhension du réel devient problématique. Au-delà d'une certaine échelle, quand ils abordent le niveau infime des particules élémentaires, électrons, quark et autres photons, les notions classiques de la physique ne tiennent pas la route. Ces particules ont une double personnalité, à la fois onde et grain de matière, parfaitement irréductible à l'un ou à l'autre. On est là dans le domaine de la physique quantique. Que sont réellement les particules, on n'en sait trop rien, si ce n'est qu'on peut assister à leur interaction, soit entre elles soit avec les appareils de mesures. Cette nouvelle vision de la matière n'a pas été sans soulever des problèmes philosophiques et métaphysiques.

Parallèlement physiciens et cosmologistes se rejoignent pour tenter de comprendre l'univers, sa naissance, son histoire et son avenir. Car plus on remonte en arrière vers le Big Bang plus la matière perd son aspect actuel pour ressembler à un maelström de particules. Quelle est la force qui régit l'univers ? Voilà la question clé de physique contemporaine. Grâce à des inventions mathématiques particulièrement astucieuses et des observations poussées dans les accélérateurs de particules, les chercheurs tentent désespérément d'unifier les différentes forces qu'ils connaissent aujourd'hui dans une fantastique théorie de Tout, le Graal des physiciens. Son nom : superforce, celle qui révélerait l'unité de la nature de la matière. C'est elle qui aurait régné sur le monde dans ses tout premiers milliardièmes de milliardièmes de seconde, avant de s'évanouir pour laisser la place aux quatre interactions fondamentales que nous connaissons aujourd'hui : la gravitation, l'électromagnétisme, la force faible (responsable de la radioactivité) et la force forte (qui colle entre elles les particules du noyau des atomes). Les physiciens ont d'ailleurs récemment franchi une étape en unifiant la force faible et l'électromagnétisme en deux composantes d'une seule et même force dite électrofaible.

Malheureusement, pour voir se manifester la superforce, il faudrait recréer en laboratoire les conditions énergétiques de l'époque de sa splendeur. Autrement dit, seul pourrait y parvenir un accélérateur de particules aussi grand que l'univers lui-même ! Les physiciens en sont donc réduits à élaborer des constructions mathématiques gardant l'espoir de voir leurs prédictions se réaliser à une échelle observable, très inférieure aux conditions réelles, mais peut-être suffisante pour valider leurs équations.

Les Ummistes assistent à cette démarche avec une certaine compassion pour nos esprits débutants. Eux qui ont résolu les mystères de la nature depuis bien longtemps prennent ça de très haut et condescendent à nous donner quelques pistes. Pour eux les particules que nous recherchons frénétiquement dans nos accélérateurs ne sont qu'illusion. Ils affirment qu'il s'agit en fait de différents aspects d'une même réalité, celle des IBOZOO UU. Ce nom mystérieux cache peut-être l'une des idées les plus intéressantes et les plus prometteuses des lettres ummites. De quoi s'agit-il ? Pour le comprendre il faut carrément remettre en cause toute notre conception de ce qu'est l'espace et la structure que nous lui connaissons.

Prenez une droite. Pour nous, c'est un objet à une dimension constituée d'une infinité de points. Selon l'expression ummite, nous envisageons « l'espace comme un continuum scalaire dans toutes les directions ». Autrement dit nous mesurons les distances par degrés, par exemple sur une droite. Même si nous mesurons ainsi des distances parfois infimes, il s'agit toujours de degrés, d'où le mot scalaire qui exprime la comparaison avec une échelle. Les Ummites, eux, ne connaissent pas cette façon de faire. Ils privilégient la notion d'angle. Une distance ne sera plus mesurée comme les degrés sur une droite mais comme l'ouverture d'un angle. « C'est très astucieux, remarque le mathématicien à qui nous avons soumis les textes ummites. En procédant ainsi, la notion de distance elle-même est remise en cause au profit d'une notion beaucoup plus riche. » En effet, un angle peut toujours être vu de deux façons simultanées, d'un côté il sera obtus, de l'autre aigu. Un angle droit peut être considéré comme un angle de 90° ou de 270°. Les Ummites vont encore plus loin. En niant la valeur de notions telles que la droite, le point ou le plan, en choisissant l'angle, ils font éclater notre notion d'espace et de matière. Ils disent que les IBOZOO UU sont des angles, des combinaisons ou, pour reprendre leur propre description des « faisceaux d'angles orientés ». « L'univers est comme un essaim de libellules dont les ailes forment des angles différents, expliquent les Ummites. Toutes ces libellules voltigent de telle sorte que pas une seule ne présente une orientation de ses ailes identiques à une autre. » L'espace est donc constitué de ces IBOZOO UU sans que l'on puisse donner à chacun une position, ni même une matérialité. Mieux : chaque point de l'espace, donc chaque IBOZOO UU, constitue en lui-même un univers à part entière ! Un point qui serait défini par des angles pourrait être vu comme le point d'intersection des dimensions d'un espace. Par exemple si vous dessinez les trois vecteurs qui définissent un espace à trois dimensions (la hauteur, la largeur et la profondeur), on pourrait imaginer que le point d'origine de ces vecteurs soit la manifestation du point tel que nous le connaissons dans notre géométrie classique. On découvre là une des idées les plus originales des mathématiques contemporaines qui, elles aussi, tendent à faire éclater la notion de point. On peut penser par exemple que chaque point d'une droite est le point de repère à partir duquel on peut définir un espace à trois dimensions. Chaque point devient un univers à lui tout seul et une droite, une infinité d'univers ! Voici une conception qui bouleverse toutes les idées reçues sur l'espace. Les Ummites nous auraient enfin donné quelque chose de réellement fondamental pour faire avancer la science terrestre ? Las, lorsqu'on y regarde de plus près, ces idées ne sont pas si nouvelles qu'elles en ont l'air. Le mathématicien qui m'accompagne dans cette démarche explicative a tout de suite signalé que cette mise en cause du point de la droite et de la vision euclidienne de l'espace ne date pas d'aujourd'hui. « On trouve déjà les éléments de cette démarche chez Leibniz au XVIIe siècle ! Aujourd'hui, des mathématiciens comme l'Américain Penrose poussent très loin cette approche. » Par contre, ce qui frappe le lecteur scientifique d'aujourd'hui, c'est la facilité avec laquelle le rédacteur des lettres ummites manie les concepts. Une familiarité bien trop grande pour ne pas éveiller certains soupçons. Les auteurs sont des gens très informés et en savent certainement beaucoup plus long qu'ils ne veulent bien le dire.

Cette promotion des angles rappelle aussi à l'historien des mathématiques et de la physique la tentative du célèbre Irlandais William Rowan Hamilton qui, dans les années 1830, ouvrait ainsi la voie d'une théorie ondulatoire de la matière dont on connaît aujourd'hui tout le succès.

Une autre construction mathématique très terrienne fait intervenir l'idée d'autres dimensions dans l'espace que les trois qui nous sont familières. C'est la fameuse théorie Kaluza-Klein.

Dans leur effort d'unification des forces de la nature les physiciens du début du siècle butaient sur la difficulté de concilier la gravitation avec l'électromagnétisme. A l'époque, ils ne connaissaient que ces deux-là.

Alors que la gravitation apparaissait avec Einstein comme une déformation géométrique de l'espace — un objet massif imprime une courbure à l'espace comme une boule de pétanque posée sur un matelas en mousse, l'électromagnétisme, lui, ne semblait rien devoir à la géométrie. L'unification de la physique, tant souhaitée par le génial Albert, s'annonçait donc très difficile.

Jusqu'à ce que, en 1921, un mathématicien polonais, Kaluza, ait l'idée lumineuse de concevoir l'électromagnétisme comme une ondulation gravitationnelle d'une hypothétique cinquième dimension. Ça collait parfaitement avec le comportement de la gravité et de l'électromagnétisme, et permettait de les unifier en une seule et même force. A ceci près que le monde est parfaitement à quatre dimensions, trois d'espace et une de temps. Où était donc passée la cinquième dimension dont l'électromagnétisme serait une sorte de reflet ? Cette fois c'est un Suédois, Klein, qui l'imagina quelques années plus tard : « Si on ne la voit pas, dit Klein, c'est parce qu'elle est repliée sur elle-même ! » Imaginez un tuyau d'arrosage. Si vous le regardez de très loin vous le prenez pour une simple ligne. Dès que vous en approchez vous vous apercevez que c'est un tube. Ce que vous preniez pour un point sur la ligne est en fait une section circulaire : cette dimension invisible de loin lui donne son volume.

C'est la même chose dans l'univers : de chaque point partirait une petite boucle qui n'irait ni vers le haut, ni vers le bas, ni à droite, ni à gauche, mais dans la cinquième dimension. Ces boucles seraient si petites qu'elles échapperaient définitivement à nos instruments de mesure les plus perspicaces. Dommage pour les auteurs de science-fiction, on ne risque pas de pouvoir utiliser la cinquième dimension pour voyager plus vite dans l'espace. Tout au plus, le voyage ramènerait au même endroit... sans en avoir bougé ! A moins que...

Cette belle théorie géométrique qui unifiait si bien la gravité et l'électromagnétisme prit un sacré coup dans l'aile avec la découverte des interactions nucléaires fortes et faibles dans les années 30. La géométrie semblait incapable d'unifier ces nouveaux champs de forces. A moins de rajouter encore d'autres dimensions à la cinquième de Kaluza-Klein. Ce qui fut fait, à grand renfort d'imagination mathématique. Pour rendre compte de toutes les forces et de toutes les interactions entre particules, les physiciens en arrivèrent ainsi à dix dimensions d'espace et toujours une seule de temps. N'essayez pas de vous représenter une telle géométrie, c'est mentalement impossible.

Nos physiciens se retrouvent donc avec dix dimensions théoriques dont ils attendent beaucoup dans l'explication du monde mais qu'ils n'auront jamais les moyens d'explorer. A moins que... Après tout, ces dimensions, qui ressemblent fort aux IBOZOO UU multidimensionnels, nous paraissent peut-être repliées sur elles-mêmes par une sorte d'illusion d'optique. Les Ummites nous expliquent d'ailleurs comment s'en servir pour voyager à travers l'espace. En nous livrant cette explication ils rendent enfin compréhensible les curieux phénomènes enregistrés lors de passage d'ovnis sur Terre.

Personne n'imaginait encore par quel moyen les ovnis sont capables, alors qu'ils se déplacent à une vitesse vertigineuse, de virer à angle droit sans ralentir, ou encore de disparaître soudainement sans laisser la moindre trace, s'évanouissant comme une hallucination. Sauf qu'il ne s'agit pas d'une hallucination. Rappelez-vous : les ovnis observés par les radars de l'armée belge l'été dernier étaient bien réels. Comment font-ils pour

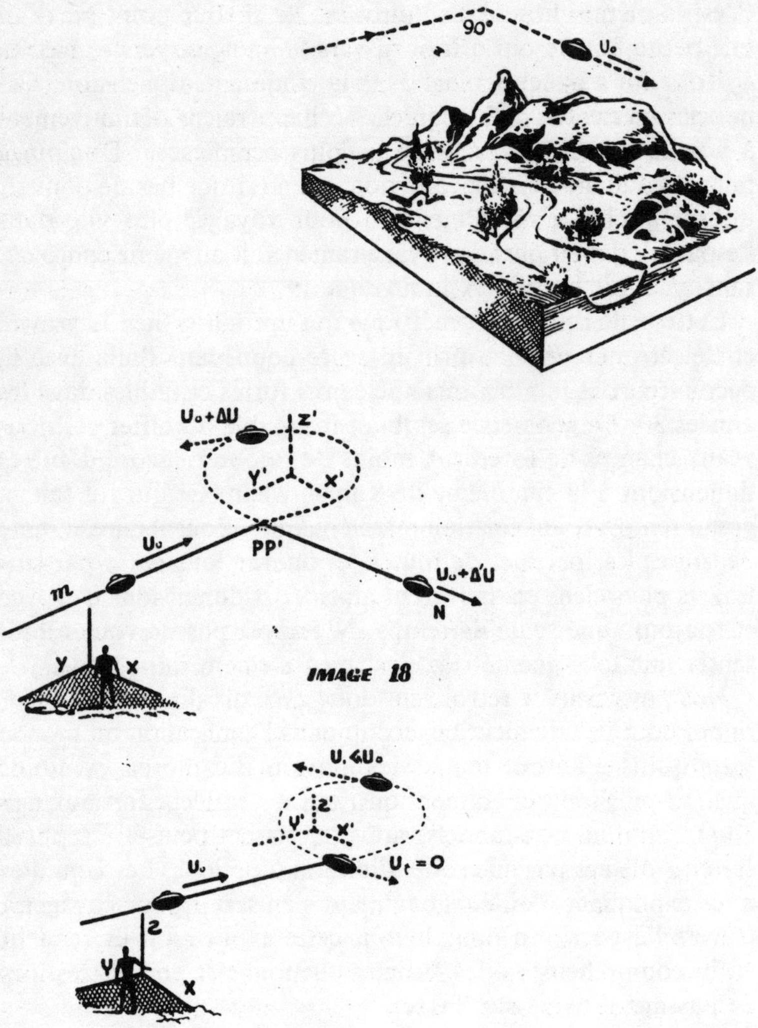

IMAGE 18

1) Cette trajectoire est inconcevable pour un objet volant terrestre ! Mais on l'observe souvent quand il s'agit d'ovni...

2) L'explication est pourtant bien simple : afin de changer brutalement de direction dans notre espace, les extraterrestres inversent leurs IBOZOO UU *et poursuivent leur course dans un autre espace avant de réapparaître dans le nôtre. Personne ne saurait expliquer comment ils parviennent à accomplir cet exploit défiant toute la physique que nous connaissons.*

défier à ce point les lois fondamentales de la mécanique et de la physique terrestre ? Ils sont capables d'inverser les IBOZOO UU ! Ils basculent d'un seul coup dans un autre univers, disparaissant dans un autre référentiel. Ils peuvent alors y terminer leur trajectoire et revenir ou non dans l'univers qu'ils viennent de quitter.

Le plus surprenant est encore que cela se passe sans aucune libération d'énergie. Si l'on prend les IBOZOO UU pour des particules, l'inversion des particules en antiparticules demande une quantité d'énergie telle qu'on assisterait à un véritable cataclysme en comparaison duquel une explosion atomique ferait figure de pétard mouillé. Dans l'une de leurs lettres les Ummites disent qu'il faut pour cela mettre en œuvre des niveaux de pression considérables. Mais cela ne paraît pas très convaincant.

Il y aurait encore beaucoup à dire sur les conceptions ummites du cosmos et des fameux IBOZOO UU. Ainsi, ils nous expliquent que la notion de temps telle que nous la connaissons, liée à l'espace, à la distance et à la vitesse, ne tient pas la route. Pour eux « les IBOZOO UU n'existent pas dans le temps. Ils sont le temps lui-même. » Ces IBOZOO UU sont aussi à la base de la télépathie que prétendent pratiquer couramment nos amis ummites. Mieux encore, les Ummites disent que la vitesse de la lumière que nous croyons constante — idée sur laquelle se fonde la relativité d'Einstein — varie selon les univers dans lesquels on la mesure !

Cependant, même si les Ummites détiennent le secret de l'inversion des IBOZOO UU, cela ne résout en rien le mystère de leur venue parmi nous. Comment ont-ils fait pour accomplir ce voyage de quatorze années lumière alors qu'il est impossible d'atteindre une vitesse suffisante pour que ce périple dure moins de plusieurs générations ? Ils nous fournissent, dans un document consacré à leur technique spatiale une explication surprenante mais somme toute assez rationnelle.

Il y aurait des déformations de l'espace à la faveur desquelles ils peuvent effectuer les voyages intersidéraux. Imaginons une épaisse bande de verre qui représenterait une tranche

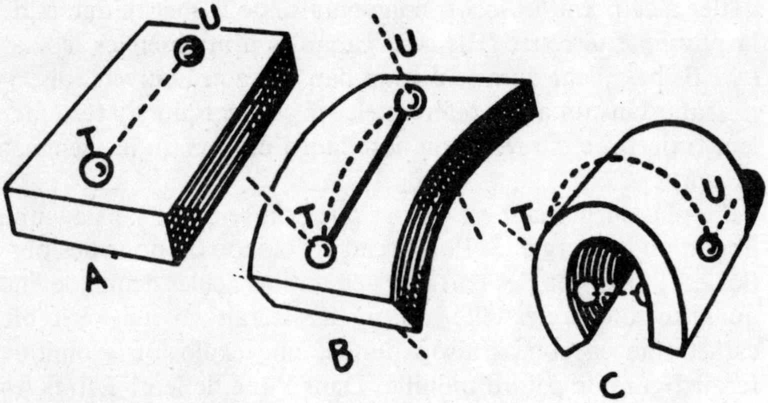

d'espace, à l'intérieur, deux billes, l'une lumineuse — symbolisant une lointaine étoile —, l'autre éteinte — notre planète. Dans des conditions normales, la plaque de verre est plate et la lumière se propage de l'étoile à la planète en ligne droite. Chauffons maintenant la plaque de verre et imprimons-lui une forte courbure. A l'intérieur la lumière suivra la déformation du verre, mais un observateur placé sur la bille éteinte ne s'en rendra pas compte. Pour lui la lumière provient toujours de cette source lumineuse lointaine et il n'a aucun moyen d'évaluer la courbure du milieu dans lequel il regarde. Nous serions placés dans des conditions analogues quand l'espace se courbe. Les Ummites, informés par un mystérieux procédé de cette déformation de l'espace, profitent de leur capacité d'inverser les IBOZOO UU pour quitter l'espace que représente la plaque de verre et aller directement vers leur but, à travers un autre univers, un autre espace, sans avoir à parcourir toute la distance qu'ils auraient dû franchir s'ils étaient restés dans cet espace.

Après s'être plongé plusieurs jours dans la prose scientifique ummite, on ressent une certaine frustration. Certaines idées semblent géniales, claires, mais toujours annoncés avec force circonvolutions et précautions langagières tarabiscotées. Nous ne serions pas à même de comprendre parce que nos concepts sont si différents des leurs, notre langage si rudimentaire, etc. Or, en même temps, ils nous décrivent des phénomènes parfaitement compréhensibles sans jamais nous en donner la clé. Très vite, cela agace. « Si encore ils nous donnaient une démonstration de la conjecture de Poincaré, s'exclame le mathématicien. Cela ne nous ferait courir aucun risque, puisqu'ils craignent, soi-disant, que nous fassions un mauvais usage de leur savoir. En plus, en communicant cette démonstration à plusieurs personnes à la fois, aucune n'en tirerait un profit quelconque. Au moins on saurait que ce sont des gens plus avancés que nous qui ont écrit ces lettres. » Sceptique par profession notre ami ne serait pas surpris que ces documents soient l'œuvre de chercheurs de Princeton. Il y retrouve leur ton de « premiers de la classe prétentieux, méprisant pour l'ignorance de leurs semblables, leur sentiment de supériorité, et surtout, le type même de délire que pourrait s'offrir une bande de grosses têtes paranoïaques, imbues d'elles-mêmes, s'amusant à faire passer auprès des esprits crédules des élucubrations issues de leurs conversations de couloir ». L'image n'est pas très flatteuse mais évoque bien certaines personnalités de cette super-université de privilégiés surdoués. Cependant, rien ne parvient à éradiquer le sentiment de malaise qui saisit le lecteur devant ces documents. Leur taille impressionnante, l'effort qu'il a fallu faire pour les rédiger laissent perplexe. Un simple canular ?

Lorsqu'on se penche sur les documents qui traitent de biologie l'impression n'est pas meilleure. Mais rien ne permet de trancher. Pire, les documents biologiques contiennent des révélations absurdes pour l'époque qui, curieusement deviennent parfaitement concevables aux scientifiques d'aujourd'hui. Ce sera l'objet du prochain chapitre.

P.S. : Pour mieux comprendre comment les engins extraterrestres se déplacent à travers le cosmos et à travers l'atmosphère sans produire de « bang » supersonique, lire l'excellent ouvrage du physicien Jean-Pierre Petit, éminent spécialiste des ovnis et fin connaisseur des lettres ummites, *Enquête sur les ovnis, voyage aux frontières de la science*[1].

---

1. Albin Michel.

LA CONSPIRATION DES ÉTOILES

Dans ce texte, Jean-Pierre Petit, plutôt que de refuser arbitrairement l'existence des ovnis, tente d'expliquer rationnellement le phénomène à l'aide des connaissances les plus avancées de la physique contemporaine.

7.

LA MAIN COUPÉE

1954, année du scandale. L'Espagne se passionne pour une histoire effroyable qui fait la une de l'actualité. On s'arrache les journaux. Du plus humble à l'aristocrate, la population, unie par un même élan de curiosité, dévore les dernières nouvelles de l'enquête menée tambour battant par la police ibérique. Accusée : Dona Margarita Ruiz de Lihory, marquise de Villasante et baronne de Alcahuli. Chef d'accusation : une main qui flotte dans un pot à lait rempli d'alcool, trouvée au 72 de la calle Princesa, domicile madrilène de la marquise. Elle appartient à sa fille Margot Shelly Ruiz de Lihory décédée, sans doute d'une leucémie, deux jours auparavant à l'âge de trente-six ans. Aussitôt, la presse s'empare de l'événement qui devient dans le pays « *el caso de la mano cortado* » ou « l'affaire de la main coupée ». Que se cache-t-il derrière ce drame ? La sombre histoire d'une femme délirante ? Les Ummites ? Depuis trente-cinq ans, aucune réponse n'a pu être véritablement apportée. Dans un premier temps, voici les faits. Suivra ensuite la lettre des Ummites du 21 avril 1973. Au lecteur de se faire une opinion.

Margarita Ruiz de Lihory est une femme de l'aristocratie espagnole. Spirituelle, brillante, belle et élégante, ses manières sont souvent extravagantes pour une femme de son rang. Elle représente ce que l'on nomme, à l'époque, une femme libre. Éduquée en France, elle n'hésite pas à fumer en public et à s'afficher avec des amants. A dix-huit ans, elle étudie le droit, le piano, touche au journalisme, peint des portraits au pastel du Tout-Madrid, écrit des guides touristiques, s'exerce au tir à blanc, participe à l'écriture d'un film et, au moment du conflit avec le Maroc, se transforme en une sorte de Mata-Hari qui fait perdre la tête à Ab-eld-Krim. Pendant la guerre civile, elle semble jouer un rôle fondamental entre l'Angleterre et l'Espagne, et réalise différentes missions en Afrique du Nord. On dit même qu'elle a été très proche du général Franco. Elle se marie à un Valencien originaire d'Irlande, Ricardo Shelly, qui satisfait tous ses caprices. Elle a deux enfants dont une fille, Margot, qui se consacre aux pauvres à travers des œuvres caritatives (deux garçons naîtront de son second mariage avec don José Maria Bassols Iglesias). La vie de la marquise se passe entre Madrid et sa résidence secondaire d'Albacete, ville située à quelque centaines de kilomètres au sud-est de Madrid. Veuve après un mariage décevant, une fortune qui s'épuise et un psychisme fragile la font insidieusement basculer dans la folie.

Selon Adalberto Carlos, un journaliste argentin qui s'est intéressé de près à l'affaire, la marquise établit un système de contrebande entre l'Espagne et l'Afrique du Nord. Pour passer incognito la marchandise, chiens et chats sont « réquisitionnés » et bourrés des produits. C'est ici qu'interviennent deux spécialistes — dont on parlera beaucoup par la suite —, peut-être des vétérinaires de type scandinave chargés de « soulager » les animaux dans le sous-sol de la maison d'Albacete au 58 de la calle Mayor où un laboratoire a été aménagé à cette occasion. Ces deux hommes sont-ils des médecins biologistes d'Ummo comme le prétendent les Ummites dans la lettre qui suit ce récit ? Que font-ils, entre 1952 et 1954, cachés des regards indiscrets dans les caves de Dona Margarita ? Des expériences ? De la magie noire ? D'ailleurs, ces deux savants ont-ils véritablement existé ?

Margot tombe gravement malade. Pour la soigner convenablement, elle quitte Albacete pour Madrid accompagnée par les deux hommes puis est traitée, selon certains dires, par des médecins « hispano-américains ». Elle meurt dans la capitale le 19 janvier 1954 puis est enterrée le 21, soit deux jours plus tard. De quoi Margot est-elle morte ? De leucémie ? Ou bien a-t-elle été contaminée, comme certains l'affirment, par un virus contracté par accident dans la maison de sa mère ?

Un matin glacial du mois de janvier 1954, l'un des fils de la marquise, Luis, se rend au commissariat et se présente au garde : « Je suis le fils de la marquise... » Ce à quoi, le fonctionnaire ironique demande sans lever le nez : « Laquelle ? » Les dés sont jetés. A partir de ce moment, la machine judiciaire est en route. Jusqu'au bout.

Un étrange dialogue que nous révèle le journaliste Manolo Mortes s'établit entre le jeune homme et l'homme de loi. « Il y a quelques jours que ma sœur est morte d'une étrange maladie. Ma mère a mutilé le cadavre... » « Comment le savez-vous ? » « Je ne sais pas. Je soupçonne... » « Que soupçonnez-vous encore ? » « A vrai dire... Je ne sais pas. C'est une mort mystérieuse. Très bizarre... » « Calmez-vous, calmez-vous. Bon. Quand votre sœur est-elle morte ? » « Il y a onze jours. Ma mère n'a permis l'enterrement que deux jours après sa mort. Pendant tout ce temps, elle n'a autorisé personne à voir le cadavre et elle-même est restée deux jours entiers enfermée avec Margot. »

28 janvier 1954 : perquisition au domicile de Dona Margarita Ruiz de Lihory. Rapidement, l'attention d'un des inspecteurs est attirée : « Venez, monsieur le juge, regardez ! » Le juge Aguado observe ce qu'on lui montre : une soupière en argent. « Soulevez le couvercle », insiste l'inspecteur... « Bon Dieu, crie le juge, que fait ici cette tête de chien ? » L'inspection se poursuit. Petit à petit, on retire, des armoires et des coins les plus biscornus, des peaux de chiens, des chats disséqués avec le ventre encore ouvert, des têtes d'animaux sans yeux, des membres désarticulés. Bref, un cauchemar.

L'un des inspecteurs tourne la poignée d'un meuble. « Non, pas ici, hurle Dona Margarita. Pas ici. » Le juge n'a pas pour habitude d'obéir. Il ouvre immédiatement l'armoire interdite de la marquise qui hurle : « Ne touchez pas à ça ! » Ça ? Un pot à lait semi-transparent en plastique posé sur une étagère. Le juge Aguado et ses acolytes ne se laissent pas intimider ni par les cris ni par le spectacle qui leur soulève le cœur : à l'intérieur du vase, pâle et flottant dans de l'alcool, il y a une main... « Laissez ça, supplie Dona Margarita. Pour l'amour de Dieu, n'y touchez pas. C'est la main de ma fille Margot. »

Le jour même, la marquise et son amant, don José Maria Bassols Iglesias, un avocat connu, sont expédiés dans un hôpital psychiatrique pour subir des examens et, le 4 février, le cercueil de Margot est extrait du caveau. Les médecins légistes qui procèdent à l'autopsie se regardent hagards : le scalpel du diable n'est pas loin. Non seulement il manque la main droite du bras de cette pauvre Margot mais l'endroit de ses yeux n'est plus que deux cavernes obscures et à la place de la bouche il reste un orifice sans langue. Les yeux et la langue, joliment disséqués, sont retrouvés au premier étage dans la salle de bains. La maison d'Albacete est à son tour visitée. Une panoplie de cadavres de chiens, de chats et d'autres animaux, certains disséqués et d'autres déposés dans des récipients de chaux attendent les inspecteurs.

Pour sa défense, la marquise invoquera l'amour éperdu qu'elle avait pour Margot : « Ma fille était une sainte et j'ai voulu garder des morceaux de son corps pour reliques. » La marquise et son amant sont condamnés à des peines mineures et dix ans plus tard ils sont lavés de tout soupçon.

Dona Margarita Ruiz de Lihory est morte le 15 mai 1968 dans une totale misère. Elle repose dans le cimetière de San José, troisième quartier, file 147, deuxième cercueil en partant du haut avec pour seule inscription : M.R.L. 15/5/1968.

Que penser de cette affaire morbide ? Dona Margarita Ruiz de Lihory se livre à un trafic de contrebande, s'adonne à des rituels de magie noire ? Ou a-t-elle tout bonnement sombré dans la folie ? Reste l'hypothèse la plus stupéfiante : la mort de Margot résulterait-elle de la collaboration de la marquise avec d'étranges biologistes qui sont en réalité des habitants de la planète Ummo ?

Voici en tout cas l'explication des Ummites :

Nombre de copies : 3

Barcelone, le 6 août 1971

Monsieur,

Dans notre dernière lettre nous vous faisions une brève description de notre arrivée sur l'astre solide Terre ainsi que de notre premier séjour en France. En tant qu'Espagnol, vous aurez certainement envie de savoir pourquoi l'accès à votre pays nous a, à cette époque et pour deux raisons, intéressés : d'une part, il nous a permis de connaître plus profondément les aspects historiques. D'autre part, la péninsule ibérique représentait une sorte de plate-forme idéale pour nos recherches sur la biologie des vertébrés.

Notre arrivée en Espagne fut affectée par de sérieux obstacles.

Mes Frères chercheurs essayèrent de localiser une région avec des caractéristiques écologiques et climatologiques particulières qui serait aussi une région régie par une structure administrative suffisamment adaptée pour satisfaire nos propres normes de sécurité.

L'influence touristique, alors en pleine apogée, de la péninsule et le fait que les autorités ne se montrent pas excessivement pointilleuses quant à l'identité des étrangers qui traversaient la frontière, constituaient une haute garantie pour les projets initiaux des miens.

Trois de nos Frères, parmi ceux qui s'étaient déplacés à cette époque vers la Terre depuis la planète Ummo, s'étaient spécialisés pendant leur séjour en France dans la phonétique associée à des langues latines. Ils pouvaient ainsi parler avec une certaine aisance des langues comme le roumain, le catalan espagnol et l'italien.

Malheureusement, l'un d'eux avait ses cordes vocales atrophiées (comme c'est courant chez les DEMII d'Ummo), ce qui constitue un risque même si pour nos dispositifs d'amplification acoustique, un tel défaut est indétectable pour un humain peu attentif.

Pour cette raison, on l'a exclu de l'opération et remplacé par un frère plus jeune spécialisé dans le métabolisme animal et l'analyse d'échosystème. Ses connaissances linguistiques en langue castillane étant nulles on l'obligea à se soumettre à une préparation intensive dans cette langue.

Tous trois passèrent la frontière espagnole par Irun (l'un d'eux reviendra plus tard) en possession de faux passeports d'un pays du nord de l'Europe et d'un micro-équipement destiné à la recherche biologique. De plus, ils emportaient de l'argent espagnol, un dossier avec des noms de citoyens espagnols et des informations sur les habitudes et les caractéristiques de la société espagnole.

ABAEXII 4, fils de ABAEXII 3, voyageait indépendamment avec un passeport au nom d'un supposé professeur d'université spécialisé en zootechnique, tandis que ses Frères avaient de faux papiers d'identité les faisant passer pour des professionnels du corps médical.

Notre projet initial excluait de choisir comme lieu de séjour une grande ville comme Madrid, Barcelone, Valence ou Séville ainsi que des villages, car il aurait été difficile de préserver notre anonymat dans les limites exigées pour notre propre sécurité.

Lorsque mes frères arrivèrent, nous n'avions pas choisi un lieu définitif de résidence. Nous avions seulement établi une liste de six villes dont quatre nous paraissaient excellentes : Ségovie, Albacete, Avila et Jaen.

Un des aspects les plus problématiques était de trouver des citoyens de nationalité espagnole qui pourraient jouer le rôle de couverture (eux-mêmes l'ignorant) pendant le séjour de mes frères chercheurs.

En analysant l'information dont je dispose, je sais qu'au premier abord tout paraissait résolu. Grâce à la presse espagnole arrivée à Marseille, on apprit qu'il y avait une ferme à vendre dans la banlieue de Jaen. Par le biais d'une agence française on commença les démarches d'acquisition. Il s'agissait d'installer, en apparence, un grenier d'approvisionnement avicole qui camouflerait la véritable nature des futures recherches.

Le plan ne réussit pas car il était impossible de trouver des Espagnols dans cette exploitation. Pour d'autres raisons, la tentative d'ouvrir à Cuidad Real ou à Ségovie, une clinique vétérinaire, échoua également.

Mais d'un autre côté, mes Frères étaient arrivés à entrer en relation avec des citoyens espagnols grâce à trois sources documentaires distinctes : un département du ministère de l'Extérieur, une organisation d'exilés espagnols de la guerre civile de 1936-1939 et les archives personnelles d'un ex-fonctionnaire des Services secrets de l'époque de Thorez. Cette information fragmentée fut vérifiée par nos services qui orientèrent notre recherche vers deux personnes : toutes deux du sexe YIE.

D'une part, la propriétaire d'une exploitation zootechnique d'Estrémadure et, d'autre part, une citoyenne espagnole pour laquelle un faisceau de circonstances nous laissa supposer qu'elle pouvait être (comme ce fut le cas) une excellente et involontaire auxiliaire.

La source d'informations de cette dernière personne provenait d'un dossier copié sur un original des archives du Deuxième Bureau français qui mentionnait les services rendus comme agent de la cinquième colonne nationaliste espagnole à la cause de l'armée pendant la guerre civile des mois de juin, juillet et septembre de l'année 1936.

Une petite note en marge de la fiche de cette dame faisait allusion — ce fut très intéressant pour nous — à certaines perturbations d'étiologies psychopathologiques. Par ailleurs, l'enquête révélait son amour envers les animaux.

On élabora toute une stratégie pour devenir amis de cette femme, estimant qu'on pouvait lui offrir une collaboration qui la dédommagerait pour son aide. Mes Frères estimèrent que, en aucun cas, on ne lui révélerait notre véritable identité extraterrestre. D'autres projets étaient mis de côté jusqu'à ce que l'on entre en contact avec elle et qu'elle nous montre plus de sa personnalité.

Un des Frères réussit à rencontrer à Albacete Dona Margarita Ruiz de Lihory. Elle était perturbée par des douleurs dans la région du cerveau, une sorte de céphalée constante. Mon frère se présenta comme médecin de nationalité nordique et il lui fut très facile de non seulement réussir à faire cesser les migraines mais aussi de neutraliser les traits d'une anxiété psychique qui la tourmentaient fréquemment. Il obtint ainsi l'amitié inconditionnelle de la marquise de Villasente, à qui furent présentés, quelques semaines après, les autres Frères impliqués dans l'opération. Au cours de cette époque, le programme le plus important a concerné l'analyse d'immunoglobuline chez les vertébrés ; étude de la vitesse électrophorétique et la valorisation correspondante aux séquences d'acides aminés des chaînes polypeptidiques des divers anticorps.

Il s'agissait de vérifier si les dates génétiques qui codifient ce que les biologistes de la Terre appellent portion variable de filets contenus dans les immunoglobulines, pouvaient se soumettre à différents types de mutations utilisant nos techniques mises au point par des biologistes d'Ummo (UULYAGGXAA) (fréquences du milieu élastique de l'air comprises dans le spectre ultra-acoustique qui provient d'un ourlet réduit à cause des rapides variations du gradient thermique).

Cette technique permet de prendre à distance des variations de températures suivant un processus codifié. Si ce processus correspond à une fonction du temps initial, comme peut l'être une fonction périodique (par exemple un train d'impulsions sinusoïdales amorties), on obtient dans ce cas des impulsions thermiques irradiées comme foyers émetteurs.

Si le milieu dans lequel se produit le phénomène est élastique, l'air par exemple, le gradient thermique variable se traduit en ondes de pression (acoustiques) de haute fréquence.

Dans la pratique, on localise deux points très proches l'un de l'autre (à la distance que suppose par exemple la longitude d'une molécule organique) que l'on excite par deux fréquences différentes.

La résultante de ce phénomène est, par un effet d'agitation, une fréquence capable de perturber et même de détruire la structure d'une chaîne protéinique ou la séquence codifiée d'une chaîne de RNA, altérant l'information contenue dans ce phénomène.

Dona Margarita Ruiz de Lihory revint à Madrid tandis que mes Frères continuaient leurs recherches dans le sous-sol de ce vieil immeuble de la rue Mayor. Ils espéraient (et cela faisait partie de la stratégie étudiée avant d'entrer en contact avec cette respectable dame) que les rumeurs qui pouvaient circuler dans le milieu social de cette zone urbaine seraient soit facilement prises en compte soit écoutées avec indifférence par les humains intelligents d'Albacete, par les autorités locales ou par des parents qui, sachant les habitudes excentriques de Dona Margarita, provoqueraient des commentaires entre voisins et connaissances. C'était la meilleure couverture pour ce que désirait faire mes frères.

Il existait de sérieux obstacles à la réalisation de ce projet. Un homme, affectivement très proche de Dona Margarita, soupçonnait notre existence. Il lui fut demandé par la marquise elle-même de garder un silence absolu. Une très vieille servante fidèle à cette dame ainsi qu'un voisin — à qui l'on dut offrir une récompense pour qu'il se montre discret — connaissaient tous deux notre existence.

D'autre part, un assidu visiteur de l'immeuble, Don Emilio Lopez A., fut à deux doigts de découvrir l'existence de mes Frères. C'est pour cette raison et d'un commun accord que Dona Margarita et ses hôtes changèrent les normes de sécurité. Pendant la journée, ils n'eurent plus besoin de recourir aux instances supérieures. Cette servante risquait de faire des commentaires qui dévoileraient la situation. C'est pour cette raison qu'on décida de mettre sur écoute toutes ses communications, aussi bien à l'intérieur qu'à l'extérieur de la maison.

C'est à cette époque que le sous-sol a été ouvert. Mes Frères continuèrent les travaux dans l'immeuble pendant que la marquise de Villasente vivait à Madrid.

En juin 1953, mes Frères furent victimes d'un incident à Albacete, ce qui fit penser à nos supérieurs qu'il était préférable d'annuler notre séjour en Espagne. En août, la situation était presque insoutenable car deux enfants de Dona Margarita Ruiz de Lihory vivaient à l'époque dans l'immeuble : Don José Maria Shelly et Dona Margarita Shelly. Celle-ci souffrait d'un problème de néphrite qui se compliquait de premiers symptômes d'une leucémie lympathique que son médecin n'avait pas encore diagnostiquée.

Tous deux ne connaissaient pas l'existence des deux OEMII. Les relations de ces humains avec leur progéniture n'avaient jamais été très bonnes. Les enfants ne comprenaient pas que la conduite anormale de Dona Margarita Ruiz de Lihory était conditionnée par ses traits de personnalité pour le moins bizarres dus à un problème psychopathologique qui se traduisait par des coups de déprime qui intoxiquaient peu à peu le cercle familial.

C'est dans cette situation que mes frères allèrent à Madrid pour la première fois et que Dona Margarita s'occupa personnellement de leur trouver une maison dans la rue Menendez Pelayo en leur facilitant en plus l'accès à des terres familiales de la Zorilla.

A la fin du mois d'août 1953, une amie intime de Dona Margarita Shelly informa la marquise que l'état de santé de sa fille se dégradait. Elle convainquit cette dame, non sans avoir vaincu la forte résistance de M. Bassols, d'apporter son aide à la pauvre malade. Mes Frères s'abstinrent d'intervenir sur un sujet étroitement lié à l'intimité des hommes.

En outre, nous pouvons constater que, le 4 septembre 1953, elle demanda conseil auprès d'un de mes frères. Il se limita à lui suggérer qu'elle fasse ce que sa conscience morale entendait.

Avec l'espoir que le déménagement de la malade libère l'immeuble, mes frères partirent de Madrid pour aller à Albacete le même jour que le drame. Ils firent le voyage indépendamment les uns des autres, en taxi, retenu à cette occasion. Le jour où Dona Margarita arriva à sa résidence d'Albacete, il se passa un événement très grave que nous jugeons comme l'un des plus malheureux de notre passage sur Terre. Plus grave encore quand on sait que nous sommes les premiers responsables, même s'il y a eu imprudence de la part de la marquise.

Pour des raisons de sécurité, nous ne pouvons être plus explicites à ce sujet. Nous voulons vous prévenir que tous les aspects que nous vous avons relatés dans cette histoire sont rigoureusement fidèles à la vérité, sans déformations délibérées. Mais nous oublions beaucoup d'autres faits concernant ce triste incident. Un jour vous pourrez connaître (si nos supérieurs estiment que cela ne peut nous causer du tort) toutes les facettes qui ont bouleversé les plans de mes Frères expéditionnaires.

Quelques mois auparavant (le projet était né dans une vieille maison près de Marseille), mes Frères avaient mis au point un programme de recherche en relation avec une entité virale méconnue sur la planète Terre, mais familière de mes Frères biologistes d'Ummo.

La structure de ces spécimens viraux possède une certaine analogie avec la chaîne de l'ADN. Mes Frères avaient découvert que le virus importé ne se multipliait pas dans les tissus des animaux de la Terre, bien que le processus métabolique de ces animaux soit normal. Ces virus ne sont pas capables de perforer les extraits de mucoprotéines de la membrane cellulaire dans des conditions biologiques normales. Ils constatèrent aussi qu'une telle protection cessait peu avant que le tissu histologique ne dégénère. Dans ces conditions, les cellules cessaient d'être immunocompétentes.

Par conséquent, le spécimen viral monopolise les métabolites qui sont nécessaires pour son autoreproduction par transfert d'informations codées dans la chaîne ADN.

Naturellement, dans ces conditions, le virus n'est dangereux ni pour les hommes ni pour les animaux de la Terre, même si l'on a pu observer des états embryonnaires actifs sur des animaux malades.

Aujourd'hui, nous savons que ce n'est pas comme cela : mais à cette époque nous ignorions si le virus, auquel nous faisions référence, pouvait se muter en d'autres entités qui l'auraient transformé en un agent pathogène dangereux pour les êtres vivants de la Terre.

On découvrit aussi que le virus restait dans la superficie de la membrane cellulaire huit mois ou plus dès qu'il se trouvait dans des tissus internes. Les colonies vivantes dégénèrent rapidement mais de telle façon, comme nous vous l'avons déjà dit, que la mort des tissus correspondants ne se produit pas. D'un autre côté, nous avons les moyens qui nous permettent pour celles-ci et les autres colonies virales dans lesquelles le numéro d'être est supérieur aux douze individus par AXEES II (unité de volume pour des valorisations biologiques qui équivaut à 36,77 millimètres, technique exploratrice à distance non supérieure à 78 mètres pour cette densité virale).

Ce sont précisément ces procédures qui permirent à mes Frères de découvrir, atterrés devant les imprévisibles conséquences, que Dona Margarita Ruiz de Lohiry avait été contaminée par ces spécimens viraux.

Nous répétons que mes Frères sont les véritables coupables parce qu'ils firent excessivement confiance à la protection. Les faits révéleront qu'elle fut insuffisante. Mes Frères ne tinrent pas compte de la possiblité tristement confirmée que de tels moyens de sécurité pouvaient être violés par la curiosité féminine de la propriétaire de l'immeuble.

En fait, elle était dans son propre domicile et nous ne pouvions pas évaluer scrupuleusement une imprudence involontaire que mes Frères auraient dû prévoir avec plus de rigueur. Aucune faute ne doit lui être imputée.

Mes Frères localisèrent des foyers viraux d'une certaine importance : dix-huit au total. Sur le corps de Dona Margarita Ruiz de Lohiry, sur celui d'une voisine de la rue Mayor, sur sa fille Margarita Shelly, et enfin sur trois des animaux de la maison.

Il fut facile de détruire ces points viraux dans une apparente totalité. Vingt-six autres points de contamination furent détectés en utilisant des techniques plus précises. En urgence, mes Frères firent le voyage de France en Espagne — violant les règles de sécurité — ainsi que quatre autres Frères pourvus d'équipement adéquat.

Ce qui angoissa véritablement mes Frères, c'était d'ignorer jusqu'à quel point ces points viraux pouvaient échapper à notre contrôle.

Ce jour-là, des familiers et des amis vinrent chez la marquise pour parler du projet d'emmener la malade à Madrid. Ces humains étaient témoins d'une affligeante crise familiale : ils ignoraient les coulisses dramatiques que tous étaient en train de vivre à cause d'étranges circonstances véhiculées par notre présence dans cette ville.

Même si parmi ces personnes aucune n'était porteuse du virus, rien ne démontrait que ces points infinitésimaux non détectables par nos méthodes avaient échappé à un contrôle rigoureux. Une stérilisation complète pouvait être réalisée, mais cela ne garantissait pas que les éléments viraux situés dans des strates inaccessibles puissent échapper à nos opérations prophylactiques.

Que ces présages furent malheureusement confirmés, la preuve en est avec le cas de Margarita Shelly, fille de Dona Margarita Ruiz de Lohiry.

En soumettant les personnes à des contrôles quotidiens étendus à toute la population d'Albacete, Valence, Almansa, Barrax et Murcia (Espagne), les points viraux n'étaient pas apparus.

Il paraissait improbable que ce qui s'était transformé en une catastrophe puisse s'étendre. (Nous insistons sur le fait qu'une qualification si grave avait sa justification à cette époque. Même dans le cas où nous n'aurions pas pu contrôler l'infection de l'astre Terre, tout se serait réduit à l'enrichir d'une espèce virale avec des caractéristiques presque inoffensives.)

Mes deux Frères restèrent en compagnie d'un troisième Frère qui s'inséra au groupe tout en résidant à Albacete mais habitant dans un autre endroit. Il recommença les expériences, cette fois-ci avec toutes les normes de sécurité (même après avoir annulé le programme d'études biologiques concernant les espèces virales).

Le 18 novembre 1953, mes Frères découvrirent, consternés, un foyer viral de cette nature dans les fosses nasales d'un Espagnol : précisément l'époux de la marquise, qui, sans qu'elle le sache, a été contaminé ce jour-là. Naturellement, le noyau fut exterminé à distance, puisque, fort heureusement, il était localisé dans des endroits peu profonds.

Une exploration plus délicate permit de détecter un second noyau très réduit sur un alvéole pulmonaire. Sans l'autorisation de l'humain, il était impossible de détruire le groupe infectieux mais, en revanche, sa situation et le fait que cet homme soit en bonne santé (le virus aurait dégénéré avant d'affecter les tissus) ne provoquait pas d'inquiétude majeure.

En revanche, mes Frères alertés par ce bourgeon firent une

deuxième recherche. Le 27 novembre, deux d'entre eux se rendirent au domicile madrilène de Dona Margarita Ruiz de Lohiry. Ils n'allèrent pas directement chez elle. Du comptoir d'un bar, en utilisant l'équipement qu'ils avaient emporté, ils découvrirent que ses tumeurs étaient malheureusement confirmées.

On localisa dans le corps de sa fille jusqu'à six points viraux tous suffisamment profonds pour ne pas craindre une irradiation extérieure. En revanche, ils présentaient la difficulté de les localiser. On ne pouvait pas les détruire à distance. Les zones infectées se situaient sur les globes oculaires, les tissus épithéliaux de la langue et d'une main (un septième point allait être découvert le 4 janvier au niveau du palais). En outre, on remarque un type d'altération mutationnelle dans la structure du spécimen viral. Ce qui provoqua une forte angoisse chez mes Frères. Ils se virent obligés d'intervenir auprès de Dona Margarita et de lui avouer ces tumeurs en lui déformant un peu la vérité. Il n'y avait pas vraiment de risque de contamination.

Un développement aux « conséquences gravissimes » pour l'espèce était prévisible. Il aurait été difficile de contrôler le processus d'irradiation, même si le fait de tout révéler aux autorités sanitaires espagnoles (il aurait été difficile de les convaincre) nous aurait aidés.

De France et d'Espagne, mes Frères étudièrent la situation et six OEMII spécialisés en biologie arrivèrent de toute urgence. Il était impossible d'obtenir une rémission de la maladie que présentait la fille de Don Margarita sans un équipement adéquat et sans voir la malade. Cela aurait comporté des risques pour notre programme terrien.

On étudia quand même sérieusement cette possibilité. Nos supérieurs décidèrent d'adopter cependant d'autres mesures. On mit en route un plan pour nous emparer du cadavre en cas de nécessité.

Le 12 janvier, onze de mes Frères se rencontrèrent à Madrid malgré les difficultés de tous ordres que provoquait notre présence massive dans la capitale.

Quelques jours après mourut la jeune femme. Il n'a pas été

nécessaire que nous maintenions les mesures d'ordre prophylactique que nous avions dû adopter.

Au-delà de tout scrupule que vous-mêmes ou vos Frères terriens veulent ajouter, priment avant tout des considérations inéluctables d'ordre moral et sanitaire. Sous un angle humain et peu informé, ces faits seraient jugés comme répulsifs et horribles.

Nous espérons que vous accepterez cette version sans rien dire. Nous, nous savons qu'elle est réelle, même si la simple énonciation des faits ne constitue pas une preuve certaine pour vous, hommes de la Terre.

Nous espérons qu'un jour, avec vos propres moyens, vous confirmerez notre témoignage.

8.

LES UMMITES DÉVOILENT LES SECRETS DE LA VIE

Dans une lettre de plus de 35 feuillets dactylographiés très dense, les Ummites se lancent dans une description des « bases biogénétiques des êtres vivants qui peuplent le WAM (cosmos) ». Le document se situe à la fois au niveau du cours de biologie de classes secondaires et des spéculations les plus avancées dans le domaine. Soudain, au détour d'une phrase, une idée vraiment intéressante surgit, immédiatement anéantie par une suite d'inepties et d'erreurs grossières. La lecture devient vite chaotique et particulièrement difficile. Les Ummites ne nous épargnent rien, des détails de la structure de l'ADN, cette macromolécule lovée au cœur de nos cellules et qui contient l'hérédité, à leur théorie de communication atomique universelle et autres élucubrations totalement invérifiables. Les Ummites semblent avoir horreur de s'exprimer clairement dans une progression logique normale. Leur discours est fait d'interminables digressions, au point que certaines lettres portent un intitulé qui n'est abordé qu'au détour d'un paragraphe dans un document de plusieurs dizaines de pages. Heureusement, ce n'est pas le cas de celui qui nous intéresse maintenant.

Dès les premiers paragraphes les Ummites précisent une notion que l'on a trop vite l'habitude d'oublier : l'homme n'est pas le stade ultime de l'évolution. Nous continuons à évoluer et nous ne pouvons prédire ce que sera l'Homme dans un million d'années.

La théorie terrienne de l'évolution la plus répandue, le néodarwinisme, veut que les espèces évoluent par mutation génétique et sélection naturelle des formes les mieux adaptées. Confrontés à l'extraordinaire complexité du savant, les scientifiques désespèrent de découvrir les mécanismes qui gouvernent l'évolution de la vie. Les Ummites, eux, affirment avoir découvert ce secret en isolant des atomes de krypton dans le noyau des cellules vivantes. Quatre-vingt-six atomes de ce gaz seraient répartis par paires le long de l'ADN et vibreraient en harmonie. Ils seraient capables de recevoir et de transmettre à l'ADN des informations en provenance du cosmos. Les Ummites en parlent comme le lien entre ce qu'ils appellent l'âme collective, l'âme individuelle et le corps. Ces « antennes » communes à toutes les cellules de tous les organismes vivants sont branchées en permanence sur une émission omniprésente dans le cosmos, une émanation de WOA, ce qui pourrait se traduire par Dieu ! Cette vibration cosmique aurait le loisir d'engendrer à volonté toutes les mutations nécessaires à l'évolution.

Cette idée ummite, soumise à des scientifiques terriens, même les plus ouverts, provoque une perplexité facilement compréhensible. La méfiance commence avec ce mélange de rationalisme et de mysticisme plutôt indigeste. Mais surtout, aucun ne voit comment ce système de communication pourrait fonctionner. L'hypothèse du krypton — impossible à déceler avec les moyens que nous connaissons actuellement sur Terre — fait penser à une idée d'écrivain de science-fiction. D'autant plus que l'exposé contient des erreurs grossières dans la description de la structure de l'ADN et dans les quelques chiffres qui sont avancés. On trouve aussi des contradictions entre la vision ummite du caractère probabiliste des particules subatomiques et la tendance actuelle qui pousse les chercheurs terrestres à élaborer des modèles plus déterministes. Pourquoi les Ummites n'en ont-ils pas fait autant avant nous, eux qui prétendent avoir une telle avance scientifique ?

En admettant que l'histoire des atomes de krypton soit un moyen de détourner l'attention et de masquer une approche plus fructueuse, on pourrait voir se dessiner alors une idée tout à fait surprenante, une idée véritablement révolutionnaire, dissimulée derrière un écran de propos fumeux. Lisez plutôt cet étonnant passage de la lettre biologique :

Vous savez qu'une espèce de crabes que l'on trouve couramment sur les côtes américaines possède une coloration bleue, laquelle est due à la coloration de certains rochers recouverts précisément d'algues vert-bleu. Par quel processus cette espèce de crustacés a-t-elle pu obtenir cette coloration ? Si cette variété de crabe était noire ou brune, elle posséderait moins de défenses devant ses ennemis, lesquels distingueraient l'animal par le contraste qu'il ferait avec le milieu chromatique ambiant. Le camouflage de la couleur lui permet au contraire de se défendre parfaitement sur un tel terrain. On rencontre des exemples semblables chez certains animaux, comme le caméléon terrestre, ou sur notre planète UMMO le OERUU IIOSSAUUIGAA, vertébré qui peut se confondre parfaitement avec les roches couvertes de lichen orangé que l'on trouve en abondance dans la région volcanique de UUIDDAO UYOAA IIO.

Une foule d'insectes que vous connaissez adoptent des formes de branche, de paille, de feuille, leur permettant un mimétisme défensif sans lequel toute l'espèce périrait. Mais autant de fois vous vous serez demandé comment la Nature, comme vous dites, a pourvu leur organisme de telles défenses. Ni l'hypothèse de la sélection naturelle des spécialistes en génétique de la Terre, ni les hypothèses relatives à une mutation provoquée par des radiations extérieures, ne peuvent satisfaire un phénomène d'une telle importance. Que s'est-il alors passé pour qu'un phénomène aussi étonnant que la coloration bleue du crustacé se produisît ? Nous indiquerons tout d'abord qu'une cellule possède deux voies d'information :

— le CANAL CHIMIQUE D'INFORMATION,
— le CANAL RADIOÉLECTROMAGNÉTIQUE D'INFORMATION.

De même qu'un être organique complexe comme l'homme compte une série d'organes, appelés organes des sens, qui le mettent en relation avec le milieu extérieur à travers l'information captée sous forme d'ONDES, la cellule comprend aussi des moyens d'information qui lui permettent de mettre en relation sa membrane compliquée avec tout le monde extérieur. Les moyens sont en premier lieu les FRÉQUENCES ÉLECTROMAGNÉTIQUES DE TOUTE LONGUEUR D'ONDE, depuis les ondes possédant un λ de plusieurs kilomètres et que vous appelez ondes longues, jusqu'aux vibrations de grande énergie et de très haute fréquence que vous baptisez du terme générique mais incorrect de rayons cosmiques.

En second lieu, la cellule discrimine à travers sa membrane le passage de composés chimiques déterminés. La cellule mémorise la déglutition de tels produits. C'est comme si nous, humains, nous utilisions pour communiquer entre nous un langage codé dans lequel, au lieu des vibrations du fluide aérien, c'est-à-dire les sons, nous userions d'aliments, et la dégustation d'une série de mets successifs nous ferait comprendre la teneur du message.

Lorsque l'être vivant est simplement monocellulaire, l'information provenant du milieu extérieur lui parvient directement par ces deux voies. Des millions de messages radioélectromagnétiques provenant d'autres sources d'émission parviennent à son cytoplasme et à son noyau (tous deux récepteurs de telles fréquences).

Étant donné qu'une cellule a une durée de vie très réduite (les cellules nerveuses peuvent vivre quelques centaines d'années terrestres, tandis que les hématies du sang parviennent à peine à cent trente jours terrestres), le message est mémorisé tout au long de plusieurs générations consécutives (vous pourriez imaginer un langage tellement lent que, pour capter le mot « azufre », il faudrait la collaboration de toute une famille, depuis le bisaïeul jusqu'à l'arrière-petit-fils). C'est comme si dans la cellule apparaissait un véritable processus d'hystérésis, qui de génération en génération accumulerait l'information radioélectrique, convenablement mémorisée et codée. Les cellules appartenant au tissu épithélial de l'OEMII (corps humain) peuvent contenir sous forme de code toutes les variations des champs électromagnétiques de source sidérale que la planète Terre a accusées depuis l'apparition de la vie à sa surface. Il est très important de vous révéler quel est le récepteur véritable de toutes ces fréquences, récepteur ne nécessitant ni lampe à vide, ni les fonctions d'état solide des transistors, ni condensateurs, ni résistances, ni les diodes au silicium ou au germanium, ni transformateurs de courant, ni bobines à induction, comme le nécessiteraient les récepteurs terrestres.

Ce récepteur est tout simplement l'EAU contenue dans le cytoplasme de la cellule et dans son noyau.

Vous avez bien lu : l'eau ! Comment ne pas faire immédiatement le rapprochement avec les recherches d'un biologiste français qui ont défrayé la chronique ces dernières années : la mémoire de l'eau. Le docteur Jacques Benvéniste, éminent scientifique de l'INSERM, a découvert l'extraordinaire capacité de l'eau à stocker des informations. Bien que fortement contesté par ses pairs, J. Benvéniste n'a pas baissé les bras. Il poursuit ses recherches avec acharnement, et des physiciens s'intéressent de très près à ses travaux. Ils ne désespèrent pas de trouver par quel moyen l'eau est capable d'une telle performance. J. Benvéniste a-t-il eu connaissance des textes ummites ? Certainement, non. Les Ummites auraient-ils raison ? Il faudrait alors pousser plus loin les investigations dans cette direction et chercher à vérifier cette hypothèse par tous les moyens. Ce ne sera pas une mince affaire. Les crédits de recherche n'affluent pas dans cette direction par trop dérangeante.

Si l'on en croit les Ummites, les molécules d'eau à l'intérieur des cellules subissent des altérations au niveau des électrons de leurs atomes d'oxygène qui produisent des variations de leur « champ gravitationnel ». La communication aurait donc lieu par ondes gravitationnelles. La relativité d'Einstein prédit l'existence de ces ondes, mais les terriens ne sont toujours pas parvenus à les détecter malgré les imposants dispositifs mis en œuvre. Or, les ondes gravitationnelles que nous espérons détecter avec les interféromètres à laser qui vont être construits aux États-Unis et en Europe sont produites par des astres plus massifs que notre soleil et agités de mouvements d'une puissance fantastique. Comment, alors, détecter les ondes gravitationnelles émises par quelques malheureux électrons ? Pas d'espoir de ce côté-là.

Le document des Ummites contient d'autres idées qui, débarrassées de leur contexte explicatif échevelé, méritent qu'on s'y arrête. La mise en doute de l'explication de l'évolution par des mutations hasardeuses gagne actuellement du terrain chez certains biologistes. Des expériences récentes participent à cette remise en cause. On a en effet vu des bactéries modifier d'elles-mêmes leur patrimoine génétique en fonction de l'environnement, alors que le milieu dans lequel elles baignaient n'avait rien de spécifiquement mutagène. Mieux : ces mutations étaient parfaitement adaptées à la survie des bactéries. Comment ces simples cellules ont-elles procédé ? On n'en sait encore rien. Mais on peut voir là une nouvelle façon de comprendre l'évolution.

Les biologistes les plus aventureux n'hésitent pas à proposer une nouvelle interprétation qui se rapproche de très près de l'idée ummite selon laquelle les cellules reçoivent de l'information de leur environnement sous forme électromagnétique. Le raisonnement est le suivant : les molécules biologiques en activité sont le lieu de réactions chimiques qui s'accompagnent nécessairement de phénomènes électriques de très faible intensité. Il y a donc émission d'un spectre électromagnétique. On pourrait très bien imaginer qu'un spectre complémentaire pourrait interférer avec celui des molécules vivantes. Les magnétiseurs auraient-ils le pouvoir de guérir ? Rien ne le prouve pour l'instant. Notons cependant que des chercheurs soviétiques ont remarqué que l'activité de molécules biologiques, des enzymes, était modifiée quand on les met en présence d'eau précédemment irradiée par un champ magnétique.

Tout cela paraît cependant bien spéculatif. Comment pourrait-il en être autrement face à cette littérature ummite qui se refuse systématiquement à donner la moindre démonstration ? Restons donc dans la spéculation et examinons de plus près l'affirmation ummite selon laquelle toutes les formes de vie se ressemblent d'une planète à l'autre. D'après eux, l'évolution du vivant répond à des lois universelles. Le hasard cher à Jacques Monod et à la majeure partie de la communauté des biologistes ne jouerait qu'un rôle anecdotique dans l'évolution. Si l'explication ummite par le krypton, l'électromagnétisme et Dieu n'est pas satisfaisante pour un esprit terrien rationnel, l'idée générale de lois communes à toutes les formes de vie dans l'univers est assez séduisante. Certes, nous ne connaissons pas les formes de vie extraterrestres, mais certains scientifiques, et non des moindres, supposent que la vie, son apparition et son évolution ne relèvent pas du hasard. L'un d'eux, Michel Bounias, biochimiste à l'INRA et auteur de plusieurs ouvrages sur les origines de la vie, fonde ses réflexions sur les études les plus poussées sur l'ADN. Cette molécule contient un nombre considérable de combinaisons entre quatre éléments simples. Parmi ces assemblages, certains forment des gènes qui s'expriment dans la cellule et président à son activité chimique. D'autres combinaisons, mélangées aux précédentes ne semblent pas avoir de fonction précise. Ce sont les introns. Ils n'ont pas, semble-t-il, de fonction particulière, et lors du décodage des gènes, les introns sont simplement laissés de côté. On ne voit pas précisément à quoi ils servent. Selon Michel Bounias ces introns sont brassés à l'occasion de multiples transpositions, décodages et divisions cellulaires. Des facteurs chimiques inconnus entrent peut-être aussi en jeu. Ces brassages produisent des combinaisons instables et une minorité de combinaisons stables. Celles-ci pourraient alors constituer de nouveaux gènes et s'exprimer, donnant lieu à un saut évolutif. A partir de l'ADN, il n'y aurait qu'un nombre limité de combinaisons fonctionnelles, ce qui permettrait d'avancer qu'il n'y a qu'un nombre limité de formes vivantes possibles avec des variations, bien sûr, mais une similitude prononcée dans les grandes lignes.

Cette hypothèse s'appuie aussi sur le fait que les enzymes, ces petites molécules chargées de transformer les substances chimiques à l'intérieur et à l'extérieur de la cellule, sont capables de s'adapter à des substances différentes sans que l'ADN intervienne. Entre les fameuses bactéries qui modifient leurs gènes selon les conditions dans lesquelles on les fait vivre et cette faculté d'adaptation des enzymes on peut imaginer que le génome n'est chargé que de commander aux grandes lignes de l'activité cellulaire. Donc, dans un environnement un peu différent, l'évolution globale resterait la même, au moins dans les grandes lignes, donnant des organes semblables, que ce soit des poumons ou des branchies, la circulation sanguine ou l'organisation cérébrale par exemple. Le vivant procéderait par tentatives. Lorsqu'elles sont fonctionnelles, adaptées, mettant en jeu des formes stables, elles se reproduiraient et se répandraient. Si Dieu il y a, il n'aurait donc pas besoin de mettre la main à la pâte ni de donner les grandes lignes : elles sont déjà contenues dans les briques élémentaires du vivant. En effet, les expérimentateurs se sont aperçus que si l'on met en présence, dans un tube à essai, des éléments moléculaires en provenance d'un système fonctionnel, ils s'assemblent spontanément pour reprendre la configuration fonctionnelle. Ce processus a été observé et confirmé en particulier avec des complexes enzymatiques des mitochondries, ces petits organites qui se trouvent à l'intérieur des cellules et sont chargés de les alimenter en énergie. A partir de ces expériences on pourrait même imaginer de fabriquer de toutes pièces un être vivant unicellulaire. On n'en est pas encore là. Mais l'idée s'impose que c'est dans la forme même des briques élémentaires du vivant que réside l'information qui permet leur assemblage opérationnel. Ainsi on s'aperçoit que dans certaines conditions expérimentales les acides aminés s'assemblent spontanément en protéines rudimentaires. Si le hasard était seul en cause, il faudrait une chance extraordinaire pour donner une protéine fonctionnelle. Par exemple, une protéine de cent acides aminés, autrement dit une protéine de taille moyenne, n'a qu'une chance de voir le jour sur un nombre de combinaisons effarant : plus qu'il n'y a d'atomes dans l'univers ! Au fond, c'est heureux que le hasard intervienne si peu, car nous ne serions pas là pour nous en réjouir.

Ainsi, des simples acides aminés aux premières protéines et aux premiers brins d'ADN des cellules primordiales en passant par les premiers organismes multicellulaires jusqu'à l'homme moderne, la vie apparaît aux yeux de quelques-uns comme un projet dont les orientations seraient inscrites dès le départ dans la structure des éléments de base.

On le voit, les lettres ummites ne sont pas qu'un tissu d'inepties. Si leur contenu relève pour une grande part de la science-fiction, certaines données font preuve d'une remarquable intuition. Quels qu'en soient les auteurs, ces gens-là ont donc une connaissance approfondie des sciences terrestres et des idées originales sur la vie, son origine et son histoire. Sont-elles utilisables, concrètement, dans la recherche biologique ? Pas directement, c'est sûr. Mais peut-être peuvent-elles donner des idées. Il ne serait pas étonnant que des scientifiques s'en soient inspirés dans un domaine ou dans l'autre. C'est malheureusement difficile à affirmer faute de pouvoir fournir les noms de ceux qui avouent, en privé, s'en servir comme guide dans leurs recherches. Il est évident que leur réputation ne s'en remettrait pas.

9.

QUI SONT-ILS ?

Deux ans. Cela fait deux ans que nous tournons autour de cette affaire Ummo. Après un voyage en Espagne, la lecture de centaines de feuillets ummites en espagnol, des coups de fil et des courriers dans le monde entier, aucune piste convaincante ne s'impose. Qui sont les Ummites ? Ou, au moins qui sont les auteurs de lettres portant le cachet d'Ummo, la planète mystérieuse qu'aucun télescope n'a jamais détectée ? Au terme de notre enquête, il ne nous reste que des hypothèses. Certaines trouvent de nombreux partisans, d'autres sont plus discutées, mais aucune n'emporte l'unanimité. Il est temps, maintenant, de les passer en revue, le plus objectivement possible, sans parti pris.

Avant de vous livrer la teneur de nos réflexions sur cette affaire, il faut remonter quelques années en arrière, en juin 1971, à Paris. A l'époque, René Fouéré, spécialiste français des ovnis met la dernière main au numéro de la revue *Phénomènes spatiaux* qu'il anime avec Aimée Michel. Tous deux passionnés par la question extraterrestre ont fondé un groupe d'étude qui se donne pour slogan cette phrase d'Aimé Michel : « Avoir l'esprit ouvert à tout, et ne rien croire. » Fort de cette attitude intellectuelle positive, ils ont créé en 1962, le GEPA, le Groupement d'études des phénomènes atmosphériques. Il préconisait une approche rationnelle et rigoureuse du phénomène ovni et cherchait à intéresser les scientifiques à ce sujet. *Phénomènes spatiaux*, après quinze ans de parution trimestrielle a publié son dernier numéro en 1977. René Fouéré, homme de grande culture, est décédé en 1990.

Au début, l'affaire Ummo laisse les Français perplexes. Cette histoire de lettres écrites par des extraterrestres ne leur semble pas vraiment digne d'intérêt. Jusqu'à ce que René Fouéré reçoive lui-même l'une des seules lettres connues — rédigée en français (voir page 186). Bientôt en relation avec Antonio Ribera, il lui demande de lui envoyer la totalité des lettres en espagnol et s'apprête à les étudier en détail. Sur ces entrefaites, le vendredi 4 juin 1971, Antonio Ribera prévient René Fouéré qu'un colloque doit se tenir à Madrid la semaine suivante pour faire le point sur l'affaire Ummo. R. Fouéré en parle à Claude Poher, ingénieur du CNES, le Centre national d'études spatiales, et membre du GEPA [1]. C. Poher n'est pas disponible, mais il s'adresse à un biologiste français, lui aussi membre du GEPA, J.-M. B., qui se déclare prêt à descendre à Madrid pour assister à la réunion. Sa mission : vérifier l'authenticité des faits et évaluer la crédibilité des personnages qui interviennent dans cette affaire, tout en restant le plus discret possible. Le rassemblement doit avoir lieu au motel Oruna, dans la banlieue de Madrid.

Arrivé à Madrid, J.-M. B. descend dans une pension de famille bon marché et téléphone à Claude Poher, qui lui annonce sur un ton inquiet avoir reçu un appel d'un certain professeur Av, de la fac de Jussieu, lui assurant que le motel en question n'existe pas et que la réunion n'aura pas lieu. Il tiendrait cette information d'un certain Murciano de Madrid.

J.-M. B. vérifie l'existence du motel, le trouve enfin dans l'annuaire et tente d'y contacter A. Ribera. La direction n'a jamais entendu parler de lui.

---

1. Quelques années plus tard, en 1977, il participera au GEPAN, l'organisme créé par le CNES pour l'étude des ovnis. Cet organisme a été très décrié par de nombreux spécialistes de ce domaine qui l'ont accusé de ne servir en réalité qu'à étouffer les affaires, refusant d'intégrer parmi ses membres des scientifiques d'un niveau suffisant pour mener à bien des enquêtes souvent difficiles. Cette stratégie a été celle des Américains pendant longtemps, dans la mesure où ces phénomènes touchent de très près les militaires.

« Y a-t-il quelque chose chez vous, une réunion, prévue pour demain ? demande-t-il dans son espagnol approximatif.

— Rien. On ne nous a rien dit », répond la direction.

J.-M. B. commence à se demander s'il n'a pas entrepris ce périple en pure perte. Pourquoi le motel n'est-il pas prévenu ? Où sont passés A. Ribera et les autres ? D'abord, prendre un peu de repos. J.-M. B. passera une mauvaise nuit, hanté par des questions sans réponses et déjà gagné par l'atmosphère de paranoïa et de suspicion qui plane sur cette affaire. Ce sentiment désagréable ne cessera d'empirer dans les jours qui suivront.

Le 10 juin au matin, J.-M. B. rappelle le motel. A. Ribera doit arriver d'un moment à l'autre et la réunion doit se dérouler comme prévu. Ouf ! D'un coup de taxi, il rejoint le motel. A peine a-t-il pénétré dans le hall qu'une jeune femme se dirige vers lui. « Je suis la secrétaire d'Antonio Ribera, lui annonce-t-elle. M. Fouéré a-t-il bien reçu les deux cents pages de textes ummites que nous lui avons envoyées ? »

Cette question semble beaucoup la préoccuper. A. Ribera n'est pas encore arrivé mais la jeune femme l'invite à se rendre dans la salle de réunion. Chemin faisant, elle lui avoue qu'elle est en fait la secrétaire de Rafael Farriols. Étrange comportement, comme si elle se méfiait de quelque chose. Après l'avoir présenté à R. Farriols, elle l'invite à s'asseoir à côté de la place réservée à A. Ribera. Quand celui-ci arrive, il se montre tout juste poli avec J.-M. B. et s'installe enfin. La conférence peut enfin commencer.

L'essentiel des séances sera consacré à l'audition du texte des lettres ummites et à la projection sur un écran des dessins qui les accompagnent. Au total une soixantaine d'heures d'enregistrement réalisées par un speaker de Radio-Barcelone embauché quelques jours avant pour la circonstance. J.-M. B. comprend bientôt que toute la rencontre a été organisée par R. Farriols. J.-M. B. apprend que l'industriel passe la moitié de ses journées sur cette affaire, lisant et relisant les lettres, tentant désespérément d'établir des recoupements et d'en tirer quelques enseignements. Dans la salle, l'ambiance est au recueillement. J.-M. B. a l'impression de se trouver dans un sanctuaire où l'on serait en train d'ouvrir un reliquaire miraculeux. Le soir, il reste une petite heure pour discuter du contenu des lettres. Les débats piétinent : une bonne partie de l'assistance ne connaît rien de l'affaire.

Une quarantaine de personnes sont venues au motel Oruna. Autour de la table, il y a A. Ribera qui se présente comme le directeur de l'édition espagnole de la revue *Planète* et R. Farriols accompagné de sa secrétaire, une Roumaine qui parle cinq ou six langues dont le français et cinq ingénieurs de son usine qui n'interviennent que rarement. Très enthousiaste, le président du groupe d'ufologie madrilène Eridani..., Pena, psychologue industriel, est un des témoins de l'« atterrissage » d'Aluche. Il y a aussi Vilagrasa, l'ingénieur des travaux publics qui a reçu la majeure partie des rapports. Une telle réunion ne pouvait se dérouler sans le Padre Lopes Guererro, une caricature de curé sévillan qui voit dans cette affaire une nouvelle preuve de l'existence de Dieu et un nouvel argument pour ramener dans le droit chemin des brebis égarées. Que font ici deux jeunes artistes peintres ? Ce n'est pas clair. On remarque aussi la présence d'un policier, le commissaire Guerédo, personnage énigmatique, passionné d'électronique et d'astronomie, ainsi que trois médecins qui semblent un peu déroutés par les propos que tient cette assemblée. Le directeur scientifique d'un laboratoire pharmaceutique et un ingénieur qui prétend avoir construit un appareil photo holographique à l'aide des textes ummites sont aussi de fervents supporters des Ummites. Tous portent au revers l'insigne Ummo, vendu pour l'équivalent de 12,50 F par la secrétaire de Farriols.

J.-M. B. se sent de plus en plus mal à l'aise. L'équipe de R. Farriols commence à l'agacer sérieusement. Celui-ci donne l'impression de tirer les ficelles de toute la conférence et exerce un ascendant évident sur A. Ribera. Un peu comme un gourou sur son disciple. J.-M. G. lui a déjà accordé le sobriquet de « Grand prêtre ». Ce qui l'exaspère au plus haut point, c'est cette toile d'araignée qu'il semble tisser entre tous les points clés de l'affaire. Quel que soit le bout par lequel J.-M. B. aborde cette histoire, tout ramène vers Farriols, que ce soit San José de Valderas, les textes ou ce colloque de malheur. Le pire est encore la crédulité sans nuance des membres de l'assistance. Et susceptibles avec ça ! J.-M. B. le sent bien : tout le monde l'évite et le surveille du coin de l'œil, ses remarques sont toujours à la limite de provoquer une réplique outrée.

On lui présente cependant Bernard Labro, un Français directeur de la publicité dans une entreprise à capitaux français installée à Madrid. Il lui servira d'interprète et lui permettra de mieux comprendre les détails de l'affaire. Alors que, jusqu'ici, il avait plus ou moins la conviction que l'affaire avait été montée de toutes pièces par Farriols et Ribera — dans le but de publier un livre ? —, les commentaires de Labro lui donnent un nouvel éclairage. Tout cela paraît beaucoup plus compliqué qu'un simple canular que les deux compères n'auraient d'ailleurs pas eu la capacité matérielle ou intellectuelle de réaliser eux-mêmes.

Farriols est d'un tempérament naturellement exalté et tendu. Sa confiance inébranlable dans l'authenticité des textes ummites abolit tout esprit critique. Il paraît vouer un véritable culte aux Ummites. Labro lui-même se braque dès que J.-M. B. lui fait part d'une contradiction évidente dans l'un ou l'autre texte. Décidément, le scepticisme de J.-M. B. ne fait pas recette. Quand les Espagnols lui demandent enfin de détailler les observations des Français sur cette affaire, c'est pratiquement à huis clos, devant à peine une dizaine de personnes, principalement les proches de Farriols, comme si l'on cherchait à l'empêcher de porter la mauvaise parole et de semer le doute dans les esprits. Tous ses dires sont soigneusement enregistrés, ce qui laisse J.-M. B. perplexe et ne fait que renforcer l'étrange ambiance de la conférence.

Les Espagnols ont du mal à accepter que les Français n'aient pas reçu de textes ummites.

« Cela paraît incroyable ! lance Farriols. Les Ummites eux-mêmes mentionnent l'envoi de nombreuses lettres en France rédigées dans votre langue.

— A ma connaissance, il n'y aurait que celle reçue par R. Farriols, répond J.-M. B.

— Curieux, vraiment curieux... »

Toujours la suspicion. Farriols et ses comparses sous-entendent que les Français ne veulent pas parler des lettres qu'ils ont certainement reçues. Ils ont l'air un brin jaloux de ces gens qui tiennent à garder pour eux seuls les révélations que leur ont transmises les Ummites. J.-M. B. mettra trois jours pour ébranler légèrement leur conviction.

Le soir du deuxième jour, au cours d'une conversation informelle qui se tenait au bar, J.-M. B. comprend enfin l'échange de coups de fil qu'il a eus avec Claude Poher à propos de l'annulation de la conférence. En fait, Ribera a écarté de la réunion un journaliste, Murciano, qu'il trouvait trop bavard. Celui-ci a donc contacté Poher dans l'intention de saboter la tenue du colloque, suggérant aux Français de ne pas se déplacer.

C'est bientôt l'heure de rentrer à Madrid. B. Labro propose de raccompagner J.-M. B. Dans la voiture, le Français commence à lui raconter une histoire tout à fait étonnante.

B. Labro, au terme d'âpres discussions au sein d'Eridani, a finalement été accepté au sein du groupe consacré à l'affaire Ummo. Et pour cause : alors que les ufologues se perdaient en hésitations, une lettre ummite arriva à point pour leur dire qu'« il n'y a aucune objection à l'intégration du sieur Labro dans leurs effectifs ». Une fois accepté il découvrit l'inquiétude du groupe à propos d'une éventuelle surveillance étrangère. Les ufologues madrilènes se voyaient déjà dans le collimateur d'un service d'espionnage international !

Quelque temps plus tôt, un jeune membre d'Eridani s'était rendu à Londres pour suivre un stage chez IBM. La date correspondait approximativement à celle fixée par les Ummites pour une rencontre avec leurs émissaires qui devait aussi se tenir à Londres. Le président d'Eridani, Fernando Pesna, s'y rendit aussi. Ce voyage avait fait l'objet d'une discussion budgétaire pour trouver les fonds nécessaires au séjour londonien. Or, le groupe reçu une lettre ummite lui précisant que, si besoin, les Ummites pourraient participer aux frais !

Dès son départ de Madrid le jeune ingénieur se sentit suivi. Il découvrit bientôt qu'il était pris en filature et qu'un homme le surveillait depuis sa voiture garée à quelques mètres de la maison qu'il habitait à Londres. De son côté, Fernando Pesna attendit pendant trois jours le contact qui ne se fit jamais. Sur ce, Eridani reçut une lettre des Ummites affirmant que le jeune homme avait été pris en filature par la CIA, raison pour laquelle ils avaient annulé le contact.

Peu après, Eridani reçut une nouvelle lettre signée des Ummites à laquelle étaient joints des papiers personnels qui auraient appartenu à un soi-disant agent de la CIA chargé d'organiser la surveillance du groupe et les destinataires des lettres. Il s'agissait d'une carte d'un club de judo sud-coréen et d'un permis de conduire américain, tous deux au même nom. Plus tard, une autre lettre leur parvint avec cette mise en garde : « Le serveur du café dans lequel vous vous réunissez travaille pour le compte de la CIA ; il surveille vos conversations et vos allées et venues. » Décidément, les Ummites sont bien informés. Trop bien. J.-M. B. commence à se demander dans quel guêpier il s'est fourré. Cette affaire de CIA est-elle sérieuse ? Certains indices laissent en effet penser que les services secrets américains suivent l'affaire Ummo de très près. A l'époque, tout ce qui touche aux ovnis et aux extraterrestres est tabou de l'autre côté de l'Atlantique. Les Américains détiennent des informations précieuses mais tous leurs dossiers restent hermétiquement fermés aux enquêteurs, qu'ils soient scientifiques ou journalistes. Vingt ans après, en 1990, la CIA a déclassifié la plupart des affaires d'ovnis. La centrale de renseignements américaine, interrogée à plusieurs reprises, avoue posséder un dossier sur l'affaire Ummo, mais celui-ci, curieusement, reste toujours secret.

J.-M. B. se demande si ces lettres n'auraient pas pour seul but d'accréditer dans l'esprit des correspondants l'idée d'une surveillance de la CIA ? Et s'il s'agissait, au contraire, d'une manœuvre de la CIA pour écarter l'hypothèse de sa participation à une vaste manipulation. Dans quel but ? On en reparlera.

Le troisième jour du colloque de Madrid est consacré à divers aspects de la description des Ummites et de leur planète.

J.-M. B., faisant appel à ses connaissances d'anatomiste et d'évolutionniste, soulève le problème de morphologie de ces extraterrestres. Il explique toute la difficulté qu'il y a à imaginer des êtres originaires d'une planète lointaine, qui auraient moins de différences apparentes avec les populations européennes que n'en ont les Bochimans d'Afrique australe ou d'Australie. De plus, il soulève le problème anatomique que pose l'atrophie des organes phonatoires des Ummites. La logique voudrait que cette atrophie s'accompagne d'une déformation des organes voisins, en particulier au niveau musculaire, qui ne manquerait pas de distinguer sensiblement les Ummites des Terriens. La contradiction lui paraît flagrante et, lorsqu'il s'en ouvre aux participants du colloque, ceux-ci admettent que la question mérite toute leur attention. J.-M. B. ne manque pas d'apprécier ce début d'esprit critique dont ses auditeurs commencent à faire preuve. C'était sans compter avec le padre Guerero qui se lance dans un sermon confus où il évoque les « enseignements » des Ummites sur le Christ. On retombe en plein « cultisme ». C'est alors que les peintres interviennent. L'un d'eux note l'absence totale d'affectivité et de sensibilité dans les dessins qui illustrent les lettres ummites. L'autre remarque que les silhouettes que l'on trouve parfois au fil de la lecture n'évoquent aucune race terrestre en particulier mais une forme humanoïde moyenne.

La discussion roule bientôt sur les IBOZOO UU (l'élément de base de l'espace selon les Ummites). Le commissaire Garedo semble posséder parfaitement le sujet. Lui et un certain Dominguez, physicien professionnel, jonglent avec les conceptions ummites des métriques du cosmos. Le commissaire n'a pas l'air de douter une seconde de l'origine extraterrestre des lettres, et son souhait le plus profond est de les rencontrer un jour. Il les suivrait jusqu'en enfer. Inquiétant.

Le lendemain Bernard Labro est parti, fuyant probablement son rôle d'interprète. C'est Malet qui prend la relève. J.-M. B. est bien content de pouvoir approfondir le contact avec ce photographe de publicité, ami de Ribera et de Farriols. Il est d'ailleurs un peu soucieux pour ses amis qui se laissent gagner par une forme de fanatisme, abandonnant toute rationalité. Ils ne se posent plus de questions sur l'authenticité des lettres mais seulement sur la signification de leur contenu.

Soudain, J.-M. B. tend une perche.

« Avez-vous remarqué que toute cette littérature s'adresse à des Espagnols de l'*establishment* ? L'éthique d'Ummo leur propose un futur dominé par le socialisme... Une vision qui tombe à point nommé en pleine décadence franquiste.

— Ummo est une autre réalité, lui rétorque le photographe, et les valeurs qui sont en vigueur chez nous n'ont plus cours lorsque ce sont les Ummites qui parlent. »

Bon, si Mallet avait fait écho au scepticisme de J.-M. B., cela n'aura pas duré longtemps. Il est bien comme les autres. A se demander si l'Espagne n'a pas été choisie justement pour cette fascinante faculté qu'ont ses habitants de s'enthousiasmer devant tout ce qui relève de la révélation divine.

Le colloque tire à sa fin. J.-M. B. a bien du mal à mettre ses idées au clair. Tiraillé entre la suspicion généralisée et les effets modérateurs d'une certaine chaleur humaine qui commence à lier les participants, il ne sait plus quoi penser. Comment faut-il interpréter l'attitude des Espagnols quand l'un d'eux, au cours d'une discussion inscrite sous le sceau du scepticisme, arbore un T-shirt imprimé à l'effigie du sigle Ummo ! Doutant plus que jamais de la fiabilité des gens qu'il a rencontrés J.-M. B. reprend le train pour Paris avec le sentiment de s'être fait mener en bateau.

Son rapport fera la plus mauvaise des impressions aux ufologues français qui, sans pousser l'enquête plus avant, classeront bien vite l'affaire au rang des canulars. On peut cependant regretter qu'ils n'aient pas cherché à identifier les auteurs des lettres. En effet, on le voit à l'occasion des missives qui parviennent à Eridani en réponse aux discussions internes au groupe, il aurait été possible d'enquêter dans un cercle assez restreint, puisque ces lettres ne pouvaient provenir que des personnes directement informées de ces discussions. A moins, bien sûr qu'elles n'aient été écrites par des extraterrestres mis au courant par les membres du groupe ou dotés d'une formidable faculté de lire dans les pensées des humbles Terriens que nous sommes.

Étrange affaire. Près de vingt ans après son voyage à Madrid J.-M. B. s'interroge encore. Pour lui deux hypothèses se font concurrence : celle d'un canular monté par l'un des membres du groupe madrilène d'ufologues qui se moquent de ses amis, ou celle d'une manipulation d'un service secret international. Examinons les deux à tête reposée.

L'idée d'un canular peut s'appuyer sur quantité d'éléments concordants. A commencer par la langue des lettres. Toutes sont rédigées en espagnol à l'exception de quelques exemplaires en anglais, en italien et en français. Celles-ci ne sont en fait que des lettres de présentation et semblent avoir été envoyées pour donner le change et accréditer la thèse de l'universalité de l'implantation ummite sur Terre. Curieusement d'ailleurs, certains destinataires de ces lettres sont des gens connus, avant le début de l'affaire par des correspondants espagnols. Cependant, rien ne prouve que des étrangers n'aient pas reçu de lettres et seraient restés muets ou les auraient directement jetées à la poubelle.

En Espagne, par contre, les suspects abondent.

A l'origine, Fernando Sesma, le professionnel espagnol de l'ufologie et de l'ésotérisme regroupe autour de lui des passionnés de paranormal. Ils prennent l'habitude de se réunir dans le sous-sol du café Lyon, qui se trouve en plein centre de Madrid. C'est le groupe de « La Balena Alegre » du nom de la fresque qui recouvre les murs de leur antre sur laquelle une baleine bleue rit aux éclats. Cette petite coterie d'initiés sera bientôt rejointe par les premiers destinataires des lettres. On parle désormais du Groupe de Madrid.

Combien il pourrait être tentant pour un plaisantin de lancer un hameçon pour piéger leur crédulité ! D'abord une lettre envoyée en 1963, à un astronome de l'observatoire de Madrid qui ne connaît aucun des membres du groupe. Ainsi, plus tard, quand l'affaire aura pris de l'ampleur, le destinataire exhibera la lettre écartant ainsi l'hypothèse selon laquelle ce serait une initiative de l'un des membres du groupe. Car, c'est Fernando

Sesma qui dévoile l'affaire au grand jour en révélant avoir reçu une lettre ummite, en 1965. Tout le désigne comme l'auteur des lettres. Sa position de grand prêtre du groupe de « la Balena Alegre » lui laisse toute la marge de manœuvre nécessaire, d'autant plus qu'il apparaît comme un personnage respecté dont personne ne met en doute ses déclarations sur ces contacts avec des civilisations extraterrestres. De plus, les lettres ummites le renforcent dans sa position d'ambassadeur cosmique en lui demandant des renseignements sur les extraterrestres qu'il prétend bien connaître. Hélas, ce parfait coupable ne peut être accusé sans y réfléchir à deux fois. En effet, comment pourrait-il avoir écrit ces lettres dont certains disent que les Ummites se sont détournés de lui parce qu'il ne connaissait pas assez bien les extraterrestres. Ce serait se saborder lui-même. D'autre part, il ne semble pas avoir la formation scientifique de base nécessaire à la rédaction des chapitres scientifiques. Enfin, Fernando Sesma se désintéresse très tôt de l'affaire. Il vend ses lettres à Rafael Farriols parce qu'il les trouve trop technologiques et pas assez spirituelles à son goût. Farriols, encore lui ! Toujours lui ! Farriols l'incontournable. Chaque fois que les Ummites se manifestent, le milliardaire catalan est dans les parages. Il organise les colloques et les conférences sur les Ummites, leur voue un culte étrange.

Mis à part le sentiment de J.-M. B. sur Farriols et son influence sur les participants du colloque, un autre indice penche pour sa responsabilité dans la rédaction des lettres, c'est l'histoire du message interplanétaire. Il y a peu, les Ummites lui auraient envoyé un message dans lequel ils le prévenaient qu'ils allaient émettre un message codé sur une fréquence précise, une fréquence que seuls peuvent détecter des observatoires astronomiques modernes. Enthousiasmé par cette preuve de confiance des extraterrestres — ils lui auraient donné la clé du code —, Farriols s'en ouvre à un physicien français dont nous tairons le nom. Celui-ci, pragmatique, conseille à Farriols d'envoyer à tous les observatoires un télex rédigé de la façon suivante : « Je reçois une émission d'origine inconnue sur la fréquence... Pouvez-vous confirmer ? Merci d'avance. » Notre ami physicien, lui aussi très sensible à l'affaire Ummo dont il considère avec beaucoup d'intérêt les aspects scientifiques, attend avec impatience la réponse des observatoires. Plusieurs jours s'écoulent. Rien. Une fois la date d'émission annoncée par les Ummites largement dépassée, notre ami n'y tient plus, il appelle Farriols. Celui-ci a l'air bien dépité, il n'a pas eu la moindre réponse. Le physicien français, familier des centres de recherche astronomique, ne comprend pas. Lorsqu'on reçoit un télex de cette teneur, il est de coutume de le prendre en compte. C'est alors qu'il lui vient l'idée de demander à Farriols de lui lire le télex qu'il a envoyé. Le texte est ainsi rédigé : « Attention, branchez-vous sur la fréquence... Vous ALLEZ recevoir un message de l'espace ! » Un télex qui est bien sûr immédiatement considéré comme un canular ou une vision d'halluciné. Direction, la poubelle. Le physicien est atterré par le comportement de Farriols dont la crédulité a tout fait louper. Crédulité... ou manipulation ? Comme si Farriols avait précisément rédigé son télex de façon que personne ne le prenne au sérieux. Rien de plus facile alors que de vilipender la science officielle qui ne veut rien savoir des extraterrestres. Faut-il accuser pour autant Farriols d'être l'auteur des lettres ? Ce serait une conclusion trop rapide. Certes, il affirme détenir des lettres qu'il n'a jamais montrées, il détourne toute tentative d'enquête sérieuse et ne manque pas de faire taire son épouse dès qu'elle semble vouloir en dire trop mais rien n'indique qu'il soit le rédacteur, mais plutôt la cible idéale d'une manipulation dont il constitue un élément clé. Sa fortune, en partie mise au service de la thèse ummite, son caractère obsessionnel et enthousiaste, son goût du secret en font le propagateur rêvé de la thèse ummite. Il est aussi l'auteur, avec A. Ribera de *Un Caso perfecto*, le livre qui raconte en détail le cas d'Aluche et de San José de Valderas.

A sa décharge, il faut noter que Rafael Farriols a racheté les lettres de Sesma. Comment quelqu'un pourrait-il acheter des lettres qu'il aurait lui-même écrites ? Ajoutons à cela qu'il ne semble pas avoir la culture scientifique nécessaire à la rédaction des lettres. Et puis surtout quel intérêt aurait-il à lancer cette manipulation. Lui, un industriel reconnu, crédible et prospère ne peut qu'y perdre de sa réputation. Par ailleurs, et cette interrogation est valable pour tous les suspects espagnols, à quoi une telle manipulation peut-elle servir ? Jouir du spectacle de la crédulité de ses semblables ? Quelle énergie dépensée dans un but somme toute dérisoire. D'autant plus dérisoire qu'il serait alors le seul à en jouir. Or, une entreprise de cette envergure ne mérite vraiment d'être montée que pour la divulguer au grand public.

Selon Carles Berche Cruz, jeune médecin psychiatre membre du centre d'études interplanétaires de Barcelone fondé par Antonio Ribera, l'affaire Ummo relève de la paranoïa de groupe, une forme de délire qui est entretenu au sein d'un groupe d'individus. Il pense qu'une seule personne ne peut avoir rédigé les lettres pendant plus de vingt ans, mais qu'au contraire un groupe d'amis s'entraînant mutuellement dans ce délire paranoïaque se passerait le relais. S'il est un suspect principal pour notre ami psychiatre, c'est bien José Luis Jordán Pena, psychologue d'entreprise, démasqueur professionnel des impostures des parapsychologues, membre du Groupe de Madrid, l'unique témoin connu d'Aluche. Cette idée lui est venue après avoir étudié dans le détail les lettres signées « Antonio Pardo », soidisant témoin de l'atterrissage de San José de Valderas. Il s'est aperçu que Pardo écrit dans deux styles différents dont l'un ressemble tout à fait à la prose de Jordàn Pena qu'il connaît bien par ailleurs. Autre indice : à plusieurs reprises, Jordàn Pena a eu l'occasion de raconter, en public, l'aventure d'Aluche qu'il a illustrée de sa main par des dessins au graphisme identique à celui des lettres ummites. A d'autres occasions, lors des conférences sur des sujets sans rapport avec les Ummites, ses dessins étaient marqués du même style, si facilement identifiable. Ajoutons que Jordàn Pena aurait très bien pu être à l'origine des photos truquées de San José de Valderas. Photographe amateur disposant d'un laboratoire à son domicile, il était propriétaire d'un appareil photo de la même marque que celui qui a pris les photos de San José. Pour finir, précisons que certains membres du Groupe de Madrid, gagnés par le doute, l'accusent sans nuance aujourd'hui d'être l'auteur des lettres. Alarmées par cette avalanche de présomptions négatives nous sommes allées rendre visite à Jordàn Pena qui nous a reçues dans son appartement madrilène. Malheureusement, notre interlocuteur venait d'être frappé d'une hémorragie célébrale qui lui rendait l'élocution difficile.

« Que répondez-vous aux accusations lancées contre vous ?

— C'est me donner beaucoup d'importance. Il est vrai que ma manière de dessiner ressemble à celle des Ummites. Peut-être les auteurs des lettres se sont-ils servis de moi. De toutes façons, je ne veux plus entendre parler de cette affaire... »

Jordàn Pena est un homme cultivé mais ce n'est pas un scientifique. Chez lui, pas un seul livre ne traite de ces sujets. Alors où aurait-il pu pêcher ses informations ? A moins que les Ummites l'aient utilisé uniquement pour la rédaction des dessins, comme ils l'ont fait pour le dactylographe pour la frappe des lettres. Dans ce cas-là Jordàn Pena sait plus de choses qu'il ne veut bien le dire. Et peut-être un jour se décidera-t-il à parler. Mais tout cela ne nous dit pas qui sont en réalité les Ummites.

Car au fond ni Sesma, ni Farriols, ni Jordàn Pena ne peuvent être accusés de façon certaine. Et encore moins les autres membres du Groupe de Madrid ? Il est vrai qu'aujourd'hui, l'usure du temps aidant, le doute commence à s'instaurer. On peut dire que les protagonistes de cette affaire s'accusent tous réciproquement sans pouvoir apporter le moindre élément concret. Une vraie suspicion qui arrive un peu tard car pendant des années ils n'ont jamais fait preuve d'un acharnement particulier à établir l'authenticité des lettres. L'absence d'esprit critique relevée par J.-M. B. à Madrid lors du séminaire au motel Oruna ne les a pas poussés dans cette direction. Reste les lettres.

En mettant de côté, pour l'instant, l'hypothèse extraterrestre, il faut rechercher ce qui peut motiver leur rédaction et démasquer dans le texte lui-même les procédés mis en œuvre.

De nombreux observateurs ont été frappés par la méthode employée par les auteurs. Il s'agit d'une technique de désinformation éprouvée qui consiste à délivrer une information tout en disant qu'elle est fausse. Ainsi, ceux qui veulent y croire, y croient d'autant plus qu'ils sont persuadés d'avoir accès à une vérité que l'on veut leur cacher. Le meilleur moyen de faire croire à quelqu'un qu'il est un initié est de lui donner les preuves que tout le monde ne peut avoir connaissance de ce qu'il sait. En demandant à ses proies de faire un effort pour croire on les piège de façon encore plus sûre. Qui pourrait avoir intérêt à entretenir cette manipulation ? Dans quel but ? C'est ici que vient l'hypothèse d'un organisme d'État, genre CIA, KGB ou autre. Seul ce type d'organisation a les moyens de financer l'opération en affectant l'un de ses agents à la rédaction des lettres sur une si longue durée. Pour quoi faire ? Plusieurs hypothèses :

1) L'expérimentation sociale. Il s'agirait d'étudier la propagation d'une rumeur sur une population précise, de mesurer à quel point les esprits peuvent être crédules, d'analyser les processus de croyance et l'impact sociologique à long terme. Pire, certains avancent que l'idéologie véhiculée par les Ummites aurait eu pour but de lutter contre le franquisme en introduisant un idéal communisant auprès d'une population acquise au régime en place. N'oublions pas que les destinataires des lettres font partie de la grande bourgeoisie espagnole et, certains, de l'administration nationale. Cependant, cette hypothèse paraît un peu tirée par les cheveux. Dans ce cas, il aurait été bien plus efficace de contacter des hommes au pouvoir et de développer une stratégie plus proche de celle des sectes que ce n'est le cas dans l'affaire Ummo.

2) Déprécier le phénomène ovni en le ridiculisant. Voilà une idée bien plus intéressante. En lançant cette histoire extravagante d'envahisseurs épistoliers on peut être sûr de piéger les ufologues et de les voir défendre une cause qui ferait sourire tous les hommes de bonne foi. C'est d'ailleurs l'hypothèse défendue par de nombreux ufologues qui se défient de cette affaire et ne veulent plus en entendre parler. D'où échec de la manipulation qui, malgré tout, se poursuit encore.

Retournons au contenu des lettres. Nous l'avons soumis à des scientifiques qui nous ont bien démontré qu'il véhiculait des idées tout à fait originales et intéressantes sur le plan scientifique. Leur sentiment unanime est qu'il s'agit d'un canular monté par des savants frustrés qui, faute de pouvoir s'exprimer officiellement, cherchent à faire circuler leurs conceptions par ce moyen. Ainsi, nos interlocuteurs ont supposé que ces lettres auraient très bien pu avoir été écrites par des gens de Princeton ou des disciples d'Eddington, célèbre physicien aux idées d'avant-garde. Est-ce un moyen bien rationnel de répandre des idées scientifiques, même révolutionnaires, que de passer pour des imposteurs ? *A priori*, non. Remarquons tout de même que les lettres, aussi confuses soient-elles et peut-être justement à cause de cette confusion, sont très suggestives. Un ami journaliste les comparait ainsi à un test psychologique bien connu sous le nom de test de Rorchas. Ce test consiste à soumettre au patient des taches d'encre colorées et de lui demander quelles images il y voit. Les scientifiques contaminés par la littérature ummite se comporteraient donc comme les sujets du test, prenant dans les lettres ce qui excite leur imagination, chacun pouvant y trouver ce qui l'intéresse.

3) Reste enfin la dernière hypothèse, la plus folle, la moins rationnelle, mais qu'il faut bien prendre en compte : l'hypothèse extraterrestre ! Car, après tout, c'est bien elle qui expliquerait tout...

Premier argument en sa faveur : la qualité des écrits ummites. Tous les scientifiques soulignent unanimement la valeur et l'originalité des thèses proposées. D'autre part, l'on doit admettre que le discours qu'il soit philosophique, sociologique ou autre est toujours intelligent et cohérent. A tel point que l'on a vraiment l'impression qu'il s'agit de la description d'une autre civilisation. Mais ce n'est pas suffisant car on a vu qu'une équipe de Terriens cultivés et organisés auraient pu arriver au même résultat. Cependant a-t-on déjà vu un canular qui se développe sur près de trente ans ?

Autre argument troublant : les linguistes qui ont étudié les textes originaux, qu'ils soient en français, espagnol ou anglais, sont tous d'accord pour admettre qu'ils ont été écrits par des personnes qui s'expriment dans une langue qui ne leur est pas familière. La langue utilisée n'est donc pas leur langue maternelle. Mais rien ne prouve encore que la langue maternelle des auteurs des lettres soit la langue ummite.

Les textes laissent filtrer certaines informations qui pourraient constituer des preuves. Dans leurs premières lettres, par exemple, les Ummites s'étonnent de découvrir une dérive des continents sur notre planète. Ils soulignent que c'est un fait exceptionnel. Or cette constatation se vérifiera par la suite. Les sondes spatiales nous apprendront en effet qu'il n'y a pas de dérives des continents sur des planètes comme Mercure, Vénus ou Mars, planètes qui ressemblent fort pourtant à la Terre. Mais cela nous ne le saurons que dix ans plus tard. De la même manière les Ummites parlent de méthane d'origine non biologique sur leur planète. Dans les années 70 cette thèse aurait fait rire tous les scientifiques terriens. Car tout le méthane que nous connaissions sur la Terre était d'origine sédimentaire. Or on s'est aperçu par la suite qu'il y avait du méthane non biologique un peu partout dans notre système solaire. C'est un méthane primitif qui date de la formation de la Galaxie. Et il en existe même à une profondeur de 100 km sous la croûte terrestre. Cette découverte date des années 80. Coup de chance ou véritable information ?

On pourrait aussi évoquer l'étrange enregistrement de la voix des Ummites, ou l'atterrissage de San José de Valderas, annoncé par une lettre ummite. Et si les photos, envoyées par un inconnu, étaient réellement truquées ! Des témoins ont vu l'engin. Près du site d'atterrissage on a même découvert une tige de nickel. Ce nickel est en fait un alliage assez rare sur la Terre. Et pour cause : en 1967, il est testé tout à fait secrètement dans un laboratoire de la firme « Du Pont de Nemours » aux États-Unis. Pourquoi traînait-il dans un champ ? Ceux qui ont monté l'affaire Ummo se sont donné bien du mal pour faire croire à son origine extraterrestre. Un effort inutile car il est certain que tôt ou tard, l'on aurait découvert son origine terrestre. A moins que les Ummites utilisent eux aussi ces alliages depuis fort longtemps. Dans ce cas-là, les photos truquées auraient bien pu être envoyées par eux, pour faire retomber une fois de plus l'affaire.

Cette technique qui consiste à mélanger la vraie et la fausse information leur étant familière.

L'histoire d'Albacete est également troublante. Car en rasant la maison les terrassiers ont effectivement trouvé dans le sous-sol un laboratoire et des animaux découpés, comme le reprennent les lettres ummites. Bien sûr, aucun de ces arguments ne constitue une preuve à lui seul. Mais leur accumulation pourrait nous faire douter. En tout cas cela explique peut-être pourquoi les personnes qui sont le plus au courant de l'affaire Ummo souscrivent à la thèse extraterrestre. Pour eux, c'est tout simplement la seule explication possible, celle qui reste quand on a évacué toutes les autres hypothèses. Il faudrait peut-être admettre que nous sommes visités par des voisins cosmiques curieux mais très polis qui ont pris beaucoup de soin pour ne pas trop bouleverser notre mode de vie. Dans ce cas, pourquoi ne retrouve-t-on pas leur trace dans d'autres pays ? Malgré toutes nos recherches, il nous a été impossible de découvrir sous d'autres cieux de la planète un phénomène identique à l'histoire espagnole. C'est peut-être là que se trouve la principale faille de l'hypothèse extraterrestre.

D'autre part, il est frappant de voir à quel point les correspondants des Ummites ne cherchent jamais vraiment à établir les preuves de l'origine extraterrestre des documents. Comme si la ou les personnes qui les ont rédigés connaissaient parfaitement leurs interlocuteurs et savaient, chaque fois que le doute s'instaurerait dans leur esprit, les faire revenir dans le droit chemin, soit par un coup de téléphone, soit par une lettre qui tombe toujours à point nommé.

10.

1990 L'AFFAIRE REBONDIT

Le dossier ummite traîne dans un coin de la maison. Il me nargue chaque fois que je pose l'œil dessus mais avec le temps j'ai appris à l'éviter. Je ne veux plus penser à cette histoire. On a évoqué toutes les hypothèses et aucune n'est vraiment convaincante. Que faire de plus sinon oublier les Ummites et leur prétention au titre d'extraterrestres ? Mais voilà, c'est compter sans le destin. Un événement incroyable va relancer toute l'affaire.

Un beau soir de septembre 1989 en suivant le journal télévisé, le présentateur annonce triomphalement : « Les ovnis se sont mis au goût du jour de la perestroïka, ils ont atterri en URSS dans la ville de Voronezh. » Suit un court reportage où l'on voit des enfants raconter leur rencontre du troisième type avec des extraterrestres et dessiner sur une grande feuille de papier ce qu'ils ont vu. L'un d'eux reproduit grossièrement une soucoupe volante, une sorte d'assiette à soupe dotée de trois pieds sur laquelle est gravé un signe ressemblant à s'y méprendre au grand H des Ummites ! Très vite, cet événément, relaté par une dépêche de l'agence Tass du 9 octobre 1989, fait le tour du monde. Mais malgré la somme d'articles publiés sur le sujet, les faits semblent contradictoires, les enquêtes sont incomplètes et la grande presse omet de mentionner le dessin du petit garçon. Pourtant, ce détail me semblait capital : s'il s'agit réellement d'un vaisseau ummite que l'enfant a vu, nous tenons enfin la preuve de l'origine extraterrestre des lettres. Mais pour le savoir il faut se rendre sur place. J'entreprends alors de longues tractations avec l'agence Novosti, l'organisme soviétique chargé d'organiser les voyages des journalistes en URSS. L'affaire s'enlise, les Soviétiques ne comprenant rien à mon intérêt pour le dessin d'enfant. Ma demande traîne et prend la poussière sur le bureau d'un des fonctionnaires de l'agence tandis que je me désespère avec le sentiment qu'une fois de plus les Ummites vont me glisser entre les mains.

C'est alors que Jacques Vallée publie en France son dernier ouvrage *Dimensions*. Cet informaticien français qui vit aux États-Unis s'intéresse aux ovnis depuis des années et a servi de modèle pour créer le personnage du savant dans le film de Spielberg, *Rencontre du troisième type*. Son dernier livre présente une approche originale de la question des ovnis, car, pour lui, ceux que l'on appelle communément les petits hommes verts ne viendraient nullement d'autres terres du cosmos mais tout simplement d'une autre dimension de l'espace-temps. En fait, ils pourraient parfaitement vivre sur la Terre depuis toujours sans que nous le sachions. Mes Ummites, eux, sont bien plus concrets et j'ai hâte de savoir ce qu'il en pense.

A l'occasion d'une interview sur son livre, je lui raconte toute l'affaire. Il la connaît déjà en partie et n'y accorde aucun crédit, pensant qu'il s'agit d'une grossière manipulation d'origine terrestre. Les Ummites, il est vrai, disent vivre sur une planète bien concrète, et s'ils avouent manipuler l'espace et le temps c'est uniquement pour leurs déplacements galactiques. Ils n'entrent donc pas dans le cadre de son hypothèse des dimensions voisines. Mon histoire de Voronezh l'ennuie beaucoup car, si cela se vérifiait, il faudrait admettre que sa théorie est fausse ou du moins, qu'il existe des exceptions et qu'il y a aussi des êtres vivants qui viennent tout simplement d'autres systèmes solaires. Cependant, Jacques Vallée veut en avoir le cœur net et se déclare prêt à m'accompagner en URSS. J'ajoute donc son nom à côté du mien pour la demande de visas. Sait-on jamais !

Trois jours plus tard, l'agence Novosti prend réellement les choses en main et fixe la date de notre départ. Le nom de Jacques Vallée semble avoir été la clé qui ouvrait toutes les portes. En fait, je l'apprendrai par la suite, mon compagnon de voyage est très connu en Union soviétique. Il est considéré comme le grand spécialiste occidental de l'ufologie. Ses livres ont circulé en *samizdat* pendant des années, et le recevoir est, pour les Russes, une formidable possibilité de confrontation d'idées. Profitant de ces heureuses dispositions, je réussis même à décrocher une interview d'Andréï Sakharov. Je veux lui parler de ses travaux sur les univers gemellaires et lui demander une bonne fois pour toutes s'il a, lui aussi, reçu des lettres. Hélas, Sakharov décède quelques jours avant notre départ. Suspendant à jamais sa réponse. Mais il reste le dessin. Tous mes espoirs reposent sur une esquisse maladroite commise par un enfant de Voronezh. C'est peu, mais cela vaut la peine d'aller voir de plus près. Et c'est pleine d'enthousiasme que, par un soir glacial de janvier 1990, je me retrouve sur la Place Rouge, à Moscou, accompagnée de Jacques Vallée.

Je ne raconterai pas ce voyage car il mérite un livre à lui tout seul. Mais on peut le résumer en quelques mots. Il semble que l'URSS soit aujourd'hui le théâtre d'événements ufologiques d'une grande ampleur. Qui se passent non seulement dans leur ciel (pas un jour, affirment les Soviétiques, sans que quelqu'un aperçoive une soucoupe volante !) mais aussi sur leurs terres (enlèvements, étranges rencontres...). Poussée par la force des événements et aussi, je crois, par le tempérament même des Soviétiques, l'ufologie est devenue ici une science officielle. Avec la bénédiction des autorités, les académiciens se penchent sur le problème, une école d'État délivre un diplôme officiel d'ufologue. Des expositions sur le sujet sont organisées au pavillon Cosmos à Moscou, un film sur le sujet conçu pour informer le public et non pour le distraire circule dans tout le pays, etc. En résumé, il n'est plus ridicule de s'intéresser aux extraterrestres en Union soviétique. Jacques Vallée est ravi. Pour moi, il en va tout autrement : on me refuse le voyage à Voronezh, sous prétexte que c'est trop loin et que je ne dispose pas d'assez de temps. Il faut dire que Voronezh est à plus d'une nuit de train de Moscou et que je ne peux pas rester plus d'une semaine ! Mais l'agence Novosti a plus d'un tour dans son sac.

Devant mon insistance, elle se décide enfin à contacter l'équipe d'ufologues qui a étudié l'événement qui m'intéresse. Trop contents de pouvoir faire part des résultats de leur enquête, ils proposent de faire eux-mêmes le voyage et de venir nous rejoindre, à leurs frais, dans la capitale. L'entretien avec le collectif de Voronezh a lieu au siège de l'agence Novosti à Moscou.

Ils sont quatre, habillés de jeans et de vieilles parkas élimées, la mine ravagée par le voyage assis dans un compartiment bondé. Trois d'entre eux appartiennent à une association d'ufologie formée sous les auspices d'une société d'État de télécommunication. Alexander Mosolov, Vyachesla Martynov, Yuri Lozovtsev, son ingénieur, leur comparse, est journaliste à la télévision de Voronezh. Ironie du sort, celui-ci est tout simplement venu pour nous interviewer !

Le collectif de Voronezh est responsable depuis le début de l'enquête sur les étranges atterrissages dans leur ville. Et ce n'est pas facile car Voronezh n'est pas un village perdu dans une campagne isolée mais une grande cité industrielle de près d'un million d'habitants. Or, Voronezh est le théâtre de multiples atterrissages depuis déjà deux ans. Les témoignages abondent et ne se recoupent pas tous.

Les quatre hommes ont apporté avec eux d'énormes dossiers, et, après s'être présentés, ils se mettent à parler tous à la fois. Notre interprète a du mal à les suivre et je ne comprends plus rien. Je réussis cependant, non sans mal, à leur faire raconter le cas qui me préoccupe : que s'est-il vraiment passé le 27 septembre 1989, à environ 18 heures 30 ? Ce jour-là, deux écoliers, Vasya Surin et Zhenya Blinov, jouent au ballon dans un terrain vague, quand ils observent un étrange phénomène. Une petite fille du nom de Julia Sholokhona et une trentaine d'adultes situés aux alentours décrivent la même scène : une vaste lueur rose dans le ciel qui se transforme en sphère rouge sombre de dix mètres de diamètre. La sphère se déplace au ras du sol puis disparaît. Quelques minutes plus tard, l'objet revient. Cette fois les adultes ont rejoint les enfants. Et l'objet se pose. Chacun voit sortir de la sphère un être étrange. Il mesure à peu près trois mètres de haut, porte une combinaison argentée et des bottes couleur bronze. Entre les deux yeux se dessine un point rouge s'apparentant à un troisième œil. Sa poitrine est ornée d'un disque métallique. L'étranger est accompagné d'une sorte de robot qui semble répondre à ses ordres.

Un enfant pris de panique hurle. L'être le regarde et son troisième œil émet une lumière qui le paralyse. Puis toute la scène s'estompe pour se reproduire quelques minutes plus tard presque identique dans un autre endroit du parc. Cette fois un garçon de seize ans qui regarde le spectacle de trop près est rendu invisible, non par les yeux de l'étranger mais par un tube de cinquante centimètres de long qu'il pointe vers lui. Le garçon ne réapparaîtra que quelques minutes plus tard après la disparition du vaisseau et de son équipage.

Cette histoire ressemblerait à un phénomène d'hallucination collective s'il n'y avait le fait que de nombreux autres habitants de la ville aperçurent à de multiples reprises cet ovni entre le 23 et le 29 novembre. Et enfin que les scientifiques ont effectivement découvert sur le sol, au point d'impact du vaisseau, de profondes empreintes et une anomalie dans le champ magnétique, nous explique le collectif de Voronezh. Tout cela est passionnant mais je suis vraiment pressée de leur poser la question qui me tient à cœur. Pouvez-vous me parler des dessins des enfants ? « Le plus simple, me répond Lozotsev, est que vous regardiez le film que nous avons apporté. » Quelques minutes plus tard nous sommes installés dans le tout nouveau studio vidéo de Novosti, entièrement équipé de matériel occidental, américain et japonais. Toute la fierté de l'agence. Bientôt défilent devant nous, au milieu d'un grand terrain de football, les personnages clés de cette affaire.

« Nous sommes dans le parc de Voronezh, en plein cœur de la ville, à l'endroit même où se sont déroulés les événements. Nous avons demandé aux enfants de nous raconter chacun séparément ce qu'ils ont vu », nous explique Martynov.

Quatre petites frimousses apparaissent sur l'écran : Léna Sarokina, Vasia Sorine, Volodia Startshev et Aliosha Nikonov. Ce sont les quatre principaux témoins et chacun raconte tour à tour son aventure. On les voit ensuite prendre une grande feuille de papier et un crayon puis s'éloigner pour dessiner leur histoire. Une dizaine de minutes plus tard la caméra « zoome » sur leurs travaux et c'est là qu'apparaît par deux fois le signe ummite. Dans un des dessins le signe est représenté sur le vaisseau lui-même, dans un autre sur les combinaisons des deux extraterrestres. Deux des quatre témoins principaux ont mentionné le signe mais l'ont-ils réellement vu ? Ou l'ont-ils ajouté sous influence ? Le groupe de Voronezh me jure que les enfants ne pouvaient pas connaître le signe. D'ailleurs le collectif de Voronezh ignore tout lui-même de l'affaire Ummo. Ils pensaient que cette sorte de H pouvait s'identifier aux chariots de feu, de je ne sais quelle histoire tibétaine. Ils l'ont déjà vu apparaître dans la région lors d'un atterrissage ovni en 1984 et l'avaient identifié comme tel.

En tout cas maintenant ils sont au courant de mon histoire espagnole. Ils paraissent très intéressés et surpris. Pourtant je sais qu'une équipe de journalistes espagnols m'a précédée à Voronezh et je ne peux imaginer qu'elle n'ait pas raconté, elle aussi, l'affaire Ummo. A la fin de la projection, un autre personnage nommé Boris Churinov qui a suivi tout l'entretien et prétend appartenir au groupe des « ufologues du XXIe siècle », nous glisse discrètement : « J'ai publié il y a très longtemps un article sur les atterrissages de soucoupes volantes et j'avais utilisé pour l'illustrer, la photo de San José de Valderas où l'on voyait très bien le signe Ummo. »

Du coup, le doute s'empare de moi à nouveau. Et Jacques Vallée ne fait aucun effort pour me remonter le moral. Pour lui, l'affaire est déjà réglée. Les enfants ont dessiné le signe Ummo tout simplement parce qu'ils ont lu l'article de Churinov ou parce qu'un membre du collectif les a poussés à le dessiner pour donner plus de crédit à l'aventure de Voronezh. Peut-être, mais si c'était le cas, on pourrait dire que le calcul est mauvais car c'est précisément parce que le signe Ummo apparaît dans cette affaire que les ufologues occidentaux se sont désintéressés du cas Voronezh. Dommage, car il est presque certain qu'il se passe de drôles de phénomènes dans cette ville. Que les Ummites soient mêlés à l'affaire, on peut, je dois bien l'avouer, en douter. En réfléchissant bien, ils n'ont jamais dit qu'ils étaient des géants. Pourtant les enfants du parc ont vu un homme de trois mètres de haut ! Enfin, si l'on en croit les ufologues soviétiques, beaucoup d'extraterrestres s'intéressent à leur pays mais, hélas !, pas les Ummites. Une chose est sûre en tout cas et les Soviétiques l'affirment haut et fort : jamais ils n'ont reçu de lettres de ces messieurs les Ummites.

Quelques mois plus tard, en janvier, j'apprends que Rafael Farriols a reçu une nouvelle missive. La lettre parle de la guerre du Golfe et annonce la date exacte de l'intervention militaire, avec de nombreux détails. Elle est datée du 5 janvier 1991, et seuls des militaires bien informés auraient pu la rédiger. C'est la dernière lettre ummite connue. D'autres arriveront sûrement un jour. Mais où ? Elles commencent à se faire rares en Espagne. Peut-être les Ummites ont-ils préféré abandonner les Espagnols, trop bavards, pour se tourner vers des peuples plus respectueux du secret ? Qui donc aujourd'hui reçoit ces textes étonnants sur les étoiles, l'âme collective ou les univers multiples ? Ces lettres les feront rêver un temps, puis on les oubliera. Mais les gens qui se seront penchés sur elles ne seront plus jamais les mêmes. Ils auront envisagé comme possible, ne serait-ce que l'espace de quelques heures, un autre univers, d'autres comportements humains, d'autres philosophies. C'est peut-être là la véritable raison d'être des lettres. Les Ummites font renaître en nous notre âme d'enfant, celle qui nous dit que tout est possible. En nous faisant vivre des histoires d'extraterrestres comme si ce n'était plus de la science-fiction, les lettres nous entraînent dans une complicité avec un autre monde, nous préparant peut-être à la première vraie rencontre avec de véritables étrangers. A moins, bien sûr, que tout cela soit vrai, que l'on ait vraiment marché sur la Terre. Si vous voulez le prouver, n'hésitez pas, nous vous passons le flambeau...

ANNEXES

1.

LES MYSTÈRES DE LA LANGUE UMMO

« Notre premier objectif de la pensée fut d'élaborer des bases didactiques, une logique qui fût indépendante du langage, de la langue. Ceci était d'une importance vitale si vous tenez compte du fait que notre forme d'expression est bisynchrone et que la codification verbale de la pensée en deux modalités capables d'être phonétiquement simultanées (une par mécanisme "lingoguttural" semblable aux langages de la Terre, et l'autre par un code qui implique des répétitions de phonèmes sous forme de séquences) prédispose à des interprétations erronées, en étant une source de tromperies due à l'ambiguïté des termes utilisés et à la nuance émotive lors de leur expression.

« C'est pour cela que fut choisie notre OIYOYOIDAA (manière d'exprimer des idées par une répétition codifiée de différents mots dans le contexte d'une communication verbale de nos concepts AADOO-AUGOOA [logique]). Ainsi les idées transcendantales sont exprimées en un langage de base mathématique.

« De cette manière nous, les OEMII d'UMMO, pouvons employer à volonté trois instruments verbaux qui sont utilisés en fonction des nécessités de l'individu à chaque instant. »

Les extraterrestres ont donc l'esprit agile : ils passent d'un mode d'expression à l'autre sans la moindre difficulté et selon les besoins de leur conversation, un peu comme les savants de la Renaissance utilisaient le latin pour les échanges intellectuels et leur langue populaire pour la vie de tous les jours. Sur Ummo, la différence est encore plus marquée.

Le premier langage ummite, qu'ils appellent DU-OI-OIYOO, « le langage des liaisons », s'écrit à l'aide d'idéogrammes et utilise des « mots liés » qui représentent des concepts, des valeurs ou des objets concrets. C'est le langage ordinaire, celui qui sert à traiter des questions quotidiennes et domestiques.

Un deuxième langage qui se mélange parfois au premier, autorisant la communication simultanée de deux niveaux de langue et d'information, est fondé sur une codification numérique exprimée par la répétition de certaines syllabes et des modulations particulières.

Le troisième mode d'expression, plus complexe encore et fort mal expliqué par les Ummites, relève aussi d'une formalisation mathématique qui a pour but de débarrasser la langue de toute ambiguïté et effet émotionnel.

Malheureusement pour les linguistes, les Ummites ne nous donnent pas assez de détails pour saisir le fonctionnement de leur langue. Bien qu'ils nous précisent à quel point leur logique est différente de la nôtre (pour eux, les termes de contradiction et l'opposition vrai-faux ne sont pas pertinents), la structure de leurs langages nous reste inaccessible même en tenant compte de ces différences.

Leurs lettres sont parsemées de termes parfois traduits, parfois non. On ne comprend pas toujours pourquoi ils s'obstinent à utiliser certains termes alors que leur traduction en espagnol semble parfaitement satisfaisante, au moins pour une approche vulgarisée comme celle qu'ils nous proposent. Certaines subtilités nous échapperaient-elles ? Ou s'agit-il d'un moyen d'introduire une certaine confusion dans leur propos ? Impossible de trancher.

Pour ce qui concerne les idéogrammes qu'ils utilisent, nous ne disposons que d'un échantillon restreint et dépourvu de toute cohérence. On ne sait pas à quoi correspond chacun des signes. L'appellation d'idéogramme est ainsi probablement abusive. Cependant, un spécialiste du japonais et du chinois a remarqué la ressemblance entre le symbole des

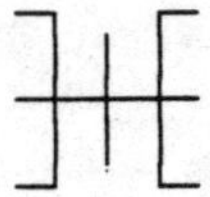

Ummites et le signe japonais qui représente l'eau. D'autres remarquent que ce signe n'est autre qu'un « j » en alphabet cyrillique. D'autre part le signe ummite qui désigne l'homme diffère à peine du signe sino-japonais signifiant « grand ».

Un des spécialistes espagnols de l'affaire Ummo, l'ufologue Antoni Moya Cerpa, a recensé quatre cent trois mots ummites qu'il a classés par ordre alphabétique afin de dresser un dictionnaire. Ce lexique ainsi que les rares phrases ummites mentionnées dans les textes ont fait l'objet d'un séminaire de linguistique réuni à l'université de Séville sur l'initiative du linguiste Don Antonio Vidal Lamiquiz. Une trentaine de linguistes et des étudiants passèrent la journée à exposer leur point de vue sur la littérature ummite et leurs tentatives d'élucider le fonctionnement de leur langue. Les conclusions de cette journée d'étude sont malheureusement assez pauvres, aussi pauvres que le sont les éléments du langage ummite apparaissant dans les lettres.

A la fois impressionnés par le nombre d'expressions relevées dans le dictionnaire et la diversité des idées qu'ils expriment, les linguistes ont déploré l'absence d'information sur la grammaire et la structure syntaxique. Ces deux éléments sont la base indispensable à toute étude linguistique sérieuse. Cependant, la taille du dictionnaire, qui, de plus, représente une fraction seulement des termes cités dans l'ensemble des lettres, laisse penser qu'il s'agit d'une véritable langue aux concepts très élaborés. N'oublions pas que deux à trois cents mots suffisent à s'exprimer dans le langage courant et certains auteurs, non des moindres, comme Henri Miller, se plaignait de n'utiliser que cinq cents mots dans ce qui doit bien être considéré comme des chefs-d'œuvre de la littérature nord-américaine.

Faute d'avoir connaissance de phrases ummites, les linguistes s'avouèrent incapables d'accéder aux rudiments de la grammaire ou de la syntaxe. Ils auraient souhaité disposer aussi d'enregistrements de la langue parlée afin de les mettre en rapport avec les termes du dictionnaire. Il est en effet particulièrement difficile de se faire une idée de la structure et du fonctionnement d'un idiome lorsqu'on ne possède qu'une grossière transcription, dépouillée des subtilités de prononciation et d'accentuation qui influent lourdement sur le sens. Ceci est particulièrement vrai pour des langues dites à tons où le même phonème, prononcé différemment peut avoir cinq ou six sens distincts. Manquent aussi des formes comme les adverbes ou les prépositions.

A première vue, les linguistes de Séville disent qu'ils devraient « taxer le langage ummite de système phonologique rudimentaire, doté de peu de latitude expressive et d'économie fonctionnelle, dans lequel il faudrait suppléer cette déficience par des répétitions et autres auxiliaires artificiels ». En poussant leur réflexion plus loin, les spécialistes ont écarté la possibilité que l'ummite soit une langue agglutinante, comme le basque qui utilise un terme différent pour chaque signifié. Ils trouvent qu'elle pourrait en fait très bien s'intégrer à des langues de type occidental dans lesquelles, en partant d'un nombre relativement réduit d'éléments primaires, on atteint un niveau de complexité et une grande variété de nuances en employant des préfixes et des suffixes ou en combinant des racines diverses.

Voici le sentiment commun qu'exprimait Ignacio Darnaude, l'archiviste de l'affaire, à la sortie du colloque de Séville :

« Nous devrons nous résigner à laisser la langue UMMO dans un limbe inaccessible et nous limiter à ausculter la "manifestation" adaptable de celle-ci qu'ils nous ont fournie si gentiment.

« Ainsi nous foulons irrémédiablement un terrain relatif : ils communiquent entre eux d'une manière "A" mais pour se faire comprendre de nous ils ont été obligés de nous donner une version "Z" dans laquelle, nous le savons, toute ressemblance avec la réalité...

« Il est donc probable que le schéma idiomatique qu'ils ont laissé filtrer n'est pas construit avec leur logique mais plutôt avec la nôtre et qu'ils sont en train de se comporter avec l'*homo sapiens* comme Tarzan avec les pauvres Pygmées (Toi apporter moi noix de coco, moi les manger et toi ensuite aller...) ; ou comme nous avec un enfant de quatre ans ou un analphabète.

« Il est aussi probable que ces esprits farceurs ou ces étrangers nous aient offert soit une forme primitive et super-simplifiée de traduction "moi vouloir pain", soit des énoncés verbaux comparables, comme un Merlin dynamiteur de la linguistique qui aurait escamoté la substance sémantique, son articulation logique et à la place du système linguistique totalisateur, nous aurait donné un squelette dépourvu de muscles, adipeux et conjonctif ; c'est-à-dire un schéma rudimentaire utilisable, profitable et distrayant.

« Triste destin que le nôtre, condamnés à un irrémissible subjectivisme et à une relativité UMMO-linguistique ! »

Il est cependant envisageable que leur langue, en apparence si simple, soit réellement ainsi. Après tout, ne disent-ils pas qu'ils ne l'utilisent que pour une communication très rudimentaire alors qu'ils sont encore enfants. Plus tard, ils affirment recourir à la télépathie dont nous n'avons aucune idée du contenu linguistique, ni même s'il y en a un.

En conclusion, le colloque de Séville, s'il renonce à valider l'hypothèse d'une authentique langue ummite, affirme cependant que la réalité d'une telle langue ne peut être écartée au simple regard des éléments qui lui ont été soumis. Et pourtant, s'il s'agit d'un canular, il a été accompli avec une étonnante faculté d'introduire des éléments linguistiques sans se référer à un système connu ou même sans évoquer un tel système.

LE DICTIONNAIRE UMMO

1. AADOO AUGOOA : Concepts logiques.
2. AAGAA IEGOSAA : Chimpanzé de UMMO.
3. AA INUUO : Symétrique.
4. AA INUUO AIOOYA AMIEE : La symétrie n'existe pas.
5. AAIODI AYUU : Gamme ou réseau de formes de l'ÊTRE.
6. AAIODII EXUEE : Être négentropique.
7. AAIODII YOOWAA : Être posientropique.
8. AAKSBOUTZ : Moteur de méthane.
9. AALAADAA : Mélange cristallisé de métaux.
10. AARBI OMAIU : Sorte de magnétophone dont le registre est réalisé en mémoire de cristal pur de titane.
11. AARGA BUUA EI : Méthode perfectionnée de détection de maladies télépathiques.
12. AAR GOA : Coup d'État.
13. AARUNNIOGOIA : Enseignement par des réflexes conditionnés.
14. AARWIO BUUA EI : Méthode de détection de maladies télépathiques.
15. AASE GAARAADUI : ?
16. AASE OGIAA : Gouverneurs.
17. AASNEII : ?
18. AASNOOSAI : Détecteurs ou enregistreurs de fonctions physiologiques.
19. AAXOO : Émetteur.
20. AAXOO XAIUU AYII : Générateur de champ magnétique.
21. AGIOOA : Phase de vitesse presque constante de leurs astronefs.
22. AIAIEDUNNEII : Haute activation thermique de la superficie de leurs astronefs.
23. AIGAEGAA : Des propositions possibles.
24. AIMMOA : Fruit sans graisse qui a été jadis l'aliment de base de l'homme d'UMMO.
25. AINNAOXOO : ?
26. AIODIWOA : La Création.
27. AIOODI : Être vivant.
28. AIOOYAAIODI : Être dimensionnel.
29. AIOOYA AMIEE : Exister hors de l'espace-temps.
30. AIOOYA IBONEE : Les radiations cosmiques existent.
31. AIOOYA O : Exister dans l'espace-temps.
32. AIOYAA : Exister dans les trois dimensions.
33. AIOYAA AMMIEE UAA : Être non existant dans le Cosmos.
34. AMIEE YIISAIA BUUAWA : Purgatoire.
35. AMMIOXOO : Mal moral.
36. ANAUANAA : Colonne axiale de la Xaabi, *maison*.
37. ANAUGAA : Arbre d'UMMO.
38. ASNEUIDAA : Certains équipements de contrôle.
39. AUWOA SAAOOA : Le plus grand lac d'UMMO, appelé « Petite mer de Dieu ».
40. AXEESII : 36,77 mm^3.
41. AYIYAA : Cabine toroïdale de leurs astronefs.
42. AYIYAA OAYUU : Cabine flottante annulaire pour l'équipage de leurs astronefs.
43. AYUBAA : Réseau, structure.

44. AYUBAAEWAA : Théorie des systèmes.
45. AYUBAA UYOALAADAA : Réseau vasculaire réticulaire de leurs vaisseaux.
46. AYUYISAA : Réseau social.
47. AYUU : Réseau.
48. AYUU WADDOSOOIA : Communications.
49. BAAIGO EIXAE : Décodificateurs.
50. BAAYIODOVII : Flore et faune.
51. BAAYIODUU : Série de 86 atomes de krypton.
52. BAAYIODUULAA : Biologie.
53. BAYODI GOO : Ontologie.
54. BIAEMOOXEA : Réseau de neurones.
55. BIAEYEE IUEOO DOO : Corps physiologiques ou bases physiques moléculaires du corps. Organes de la mémoire.
56. BIAGOO DOAWAA : Microlentilles.
57. BIAMOAXII : Structure biologique inconnue des hommes de la Terre.
58. BIEEGOO : Série de facteurs intégrants de la capacité mentale.
59. BIIEUIGUU : Psychobiologie.
60. BIEEUNNIEO : Psychoneurologue.
61. BIEEWIA : Preuves psychotechniques.
62. BIEEWIGUU : Psychophysiologie.
63. BIEWIGUU AGOYEE : Contrôleur psychobiologique.
64. BUAWAIGAAI : Perception.
65. BUUAE BIEE : Impulsions télépathiques.
66. BUAWAA : Ame.
67. BUUAWAA BAAIOO : Esprit de l'être vivant.
68. BUUAWAM IESEE OA : Subconscient.
69. BUUAWA OEMII : L'âme de l'homme.
70. BUUAWEE BIAEEI : Esprit collectif humain (âme collective).
71. BUUAWOEMII : Union de l'âme avec l'organisme humain.
72. BUUA XUU : Psysphère.
73. BUUTZ : Moteur.
74. DIEWEE : Base d'ordinateurs.
75. DIIO : Titane.
76. DIIUYAA : Krypton.
77. DOA DOEE : Protamines.
78. DOROO : Ruban acoustico-optique.
79. DOROOUIAAIE : Phonothèques ou bibliothèques d'enregistrements acoustiques.
80. DUII : Anneau ou couronne équatoriale qui entoure leurs vaisseaux.
81. DUO : 1,7333 kg masse.
82. DU OI OIYOO : Langage topique de liaison.
83. EAYODII : Ontologie.
84. EBAYAA : Aimer.
85. EDDIO LAIYAA : Maladie mentale sur UMMO.
86. EDDIO NAAU : Dissociation de la personnalité. Schizophrénie.
87. EDDIO UNNIAXII : Arriérés mentaux.
88. EDDIO WE : Maladie analogue à la paranoïa terrestre.
89. EDDOIBOOI : Sans travail défini. Retraité.
90. EESEE OA : Subconscient.
91. EESEOEMII : Entité pensante.
92. EESEOEMII IGIO : Être qui pense.
93. EEWE : Vêtement.
94. EEWEANIXOO OOE : Tenue spatiale protectrice, hermétique.

95. EFIEEDI : Plante aquatique.
96. EIDIUU : Angles.
97. EIWOO OINNA : Couteau, objet qui tranche.
98. ENMOO : Unité de mesure d'UMMO (1,8736658... mètre).
99. ENMOO EE : 3,5 mètres carrés. (1 ENMOO carré...)
100. ENNAEOI : Corps central de la superstructure de leurs vaisseaux.
101. ENNOI : (non traduit).
102. ENNOI AGIOOA : Dôme d'assemblage.
103. ENNOII AGIOAA : Bosse dans la partie inférieure de leurs vaisseaux.
104. EXAABI : Salle de bains.
105. EYALOOWA : Membre du Gouvernement central d'UMMO.
106. GAA : Carré.
107. GAA ONMAEI : Écran visuel du cerveau électronique.
108. GEE : Homme.
109. GIAA DAII : Draps ou linges poreux.
110. GIAXAA EDAAU : Nébuleuses de notre Univers.
111. GIIXAA YUXAA : Produit alimentaire synthétique.
112. GIUDUUDAA EEWE : Sorte de couche poreuse pour s'habiller.
113. GOABAAE : Ville d'UMMO.
114. GOOAIE SAWA : Faisceau de micro-ondes de grande énergie qui détruit les ISIAGEE (centres nerveux de l'encéphale).
115. GOODAA : État liquide de la matière.
116. GOONJIOADOO UEWA : Véhicule d'UMMO.
117. GOONIOADOO : État spécial de la matière qui n'est ni solide, ni liquide, ni gaz.
118. GUU : Acier au chrome.
119. IAI : Parfums.
120. IAI KEAI : Art de mélanger des essences aromatiques.
121. IAIKEATTUXAA : Compétition spectaculaire qui consiste à mélanger des parfums.
122. IAI YIEKEAI : Femme qui mélange des essences.
123. IAOOI : Récipient pour prendre des repas liquides.
124. IA SAAOOA : Lac d'UMMO.
125. IAWIAIA SAAOOA : Lac d'UMMO.
126. IAXAABI : Chambre à coucher.
127. IBOAAYANOA : Base quantique.
128. IBOAAYA NUUIO : Quantique.
129. IBOAAYA OU : Photon, quantum d'énergie.
130. IBOAYAA : Amplificateurs autonomes photoniques.
131. IBOO : Point ou nœud d'un réseau distributeur.
132. IBOONEE : Rayons cosmiques.
133. IBOZOO : Point ou nœud d'un réseau.
134. IBOZOO AIDAA : Équipement central inverseur de particules, installé dans leurs astronefs.
135. IBOZOO DAO : Nœud.
136. IBOZOO UU : Modèle d'entité physique élémentaire.
137. IBOZOO WOO : Positions instantanées qu'occupent les électrons à chaque niveau subatomique.
138. IDIA GIIDI : Du lait pour assaisonner.

139. IDIA OIXII : Du lait graisseux d'OIXIIXII, mammifère qui vole.
140. IDUGOO : Mutation.
141. IDUIROO : Cytosme (nucléotide).
142. IDUUWII AYII : Équipement propulseur de leurs astronefs.
143. IDUUWIIO : Propulsion.
144. IENXOODINAA : Couche cristallisée ayant la forme d'une mosaïque hexagonale.
145. IEVOOXOODINNAA : Couche interne de la XOODINNAA.
146. IEYIOBAA : Planète du groupe 70 de Serpentaire.
147. IGIAAYUYIXAA : Plan éducationnel.
148. IGIOI : Liberté.
149. IGIO UALEEXII : La conscience de mon « MOI ».
150. IGOOA ENMEE : Gènes. Caractères héréditaires.
151. IGOO NOOI : Ouragans brûlants chargés de sable, très dangereux.
152. IGUU : Végétal semblable à la fougère.
153. IGUUXOO : Pâte de couleur noire.
154. IITOA : Zone extérieure qui enveloppe leurs vaisseaux.
155. IIWOAE : Générer, créer.
156. IMAAUII : Bouche d'égout.
157. IMMAA : Sas ou écoutilles étanches d'entrée à leurs astronefs.
158. INAIE DUIO : Lois ou décrets.
159. INAYUYIXAA : Expéditionnaire.
160. INNO VIAAXOO : De manière infantile.
161. INOWII : Fruit de pulpe jaune.
162. IOAWOO : Angle formé par deux axes.
163. IOAXAUXAA : ?
164. IO•••••••• : ••••••••-phorique.
165. IOIXOINOIYAA : Concavités géologiques.
166. ISIAGEE IA : Centres nerveux de l'encéphale.
167. IUAGAROO : Thymine (nucléotide).
168. IUAMMIO DII : Cruauté.
169. IUMMA : Soleil d'UMMO.
170. IUMMASNEII : Usine d'énergie solaire.
171. IVOOROO : Guadinine (nucléotide).
172. IWO : Procréation.
173. IXIMOO : Protéines spéciales.
174. IXOIAROO : Adénine (Nucléotide).
175. IXOOURRA : Acide désoxyribonucléique (ADN).
176. IYOAEE BOO : Modules pour les ordinateurs, basés en réactions chimiques et nucléaires à échelle microphysique.
177. KEOYEEOO XAIUU : Compensation magnétique.
178. KOOAE : 8,71 kilomètres.
179. NAANAA : Arbres typiques d'UMMO.
180. NAATOWSEE UA NAII : Vallée d'UMMO.
181. NAAXUNII : Équipement pour se laver les mains au repas.
182. NEAA : Nébuleuse de notre Univers.
183. NIAAIODOUI KEEAI : Art de distribuer esthétiquement des plantes et des rochers.
184. NIIO AA : Atome, molécule chimique.

185. NIIO ADOGOOI : Système protecteur antiabrasion de leurs astronefs.
186. NIIO ADOUAXOO : Cellules ionisatrices.
187. N•••• : •••• réception ou de transmission de données.
188. NOA : Élèves.
189. NOAUIW : Période scolaire.
190. NOIA UEWA : Ancien moyen de transport sur UMMO.
191. NOI OAI : Fonction PSI.
192. NOI OULOO : Histones.
193. NOOLAWE : Des grands laboratoires scientifiques.
194. NUAEL : Pôle d'UMMO.
195. NUUDAIAA : Tuyaux.
196. NUUGII : Récipients de voyage.
197. NUUGII IADUU : Cylindres gélatineux.
198. NUYAA : Réservoirs toroïdes d'eau oxygénée et lithium fondu.
199. OACAWA OEW OEWEA : La rivière la plus importante d'UMMO.
200. OAG OEII : Sorte de volcans.
201. OAIOOYAA : Proposition qui a la valeur de « VÉRITÉ ».
202. OAIOOYA AMMIE : Proposition qui a la valeur de « VRAI, HORS DU COSMOS ».
203. OAIOOYEEDOO : Proposition qui a la valeur de « FAUX ».
204. OANEEA IAWA OAI : Maladie qui bouleverse les facultés PSI.
205. OANEEAOYIOOYO : Transmission télépathique.
206. OASION OEI : Un volcan d'UMMO.
207. OAWOENII : Être en résonance.
208. OAWOENNIUU : Résonance nucléaire.
209. OAWOO : Dimension, axe.
210. OAWOOLEAIDAA : Changement de dimension, inversion de la masse de leurs astronefs.
211. OAWOOLEA UEWA OEMM : Astronefs d'UMMO.
212. OAWOOLEIBOZOO : Inversion dans un autre système tridimensionnel.
213. OBXANWAII : Routines.
214. ODAWAA : Déclinaison.
215. ODU GOOA : Amplificateurs nucléiques.
216. OEBUMAEOEMII : Homme tétradimensionnel.
217. OEE : Suspension, flottement.
218. OEMBUUAW : Lien somapsychique.
219. OEMII : Homme, corps humain.
220. OEMIIABII : Hominisation.
221. OEMIIGIIA : Homme parfait ou surhomme.
222. OEMM : Parmi les astres, de masse sphérique à masse sphérique.
223. OEMMIOYAGAA : Homme de la Terre.
224. OEMMIUEWA : Appareil pour une personne qui permet les déplacements aériens avec une hauteur maximale de 56 mètres.
225. OERUU IIOSSAUUIGAA : Vertébré d'UMMO.
226. OEUDEE : Biopathologie.
227. OGIAA : Grands chefs.
228. OGIIA : Chef.
229. OGOKOOA : Chaussées, routes.
230. OIBIIA : Extrait graisseux d'un animal marin.
231. OIWI : An.

232. OIXIIXII : Mammifère volant d'UMMO.
233. OIYOYOIDAA : Façon d'exprimer des idées à travers un code répétitif.
234. OMGEEYIEE : Ménage, couple.
235. ONAUDO OXA XUU : Arborescences.
236. ONAWO UII : Centres ou internats d'enseignement.
237. ONAWOWUA : Université où l'on étudie les mathématiques.
238. OOBO : 1,733 kg masse.
239. OOGIXUUA : Chair d'un reptile d'UMMO.
240. OOLEEA : Pénétrer, passer d'un milieu physique à un autre.
241. OOLGAA GOO : Physique de la structure de la matière.
242. OOLGA WAAM : Physique et cosmologie.
243. OORGAOWI : Centrale énergétique d'UMMO.
244. OOXENNUU : Extenseurs de pieds de sustentation.
245. OOYIA : Soleil, étoile de masse réduite.
246. OREEAU : Galaxie d'Andromède.
247. OUDEXIENOO : Monolithes de roche poreuse.
248. OUMBOOBUUA : Biens de service mentaux.
249. OUMBOOMIIA : Biens en forme de services.
250. OUMDAA DOAA : Biens de consommation.
251. OUMWI AA : Biens d'équipement.
252. OUMYASAAII : Biens de terrains, d'espace, etc.
253. OXOOIAEE : Chaîne annulaire d'IBOZOO UU.
254. OXUO KEAIA : Sorte de jeux sportifs.
255. OYAA : Planète.
256. OYAEBEEM : Planète de l'Univers qui se trouve à 38 607,46 années-lumière.
257. OYAGAA : La Terre, astre froid carré.
258. OYAGAAWOA : Jésus-Christ.
259. OYAUMME : Étoile de notre Galaxie.
260. OYAUMMEEI : Groupe 70 de Serpentaire.
261. OYAWIIA : Une planète de notre Univers.
262. OYISAA DOAA : Campement.
263. TAAU : Paragraphes.
264. TAXEE : Masse gélatineuse.
265. TAXEE XUANOO : Transvasement de substance gélatineuse.
266. TOOKAAIA : Planète de notre Univers.
267. UAA : Loi ou législation morale.
268. UAMII GODAA : Nourriture liquide. Sorte de bouillon.
269. UAMII GOOINUU : Nourriture solide.
270. UAMIIOWOBO : Nutrition par voie artérielle.
271. UAMIIXAABI : Salle à manger et cuisine indistinctement.
272. UAMIIXANMOO : Cuisine automatique programmée avec mémoire de Titanium.
273. UAXOO : Récepteur. •••ment blindé détecteur-émetteur.
274. UAXOOAXO : Équipe.
275. UAXOO IAS : Récepteur numéro 1.

276. UAXOO IEN : Récepteur numéro 2.
277. UBOO : Agnosticisme.
278. UEWAA : Véhicule. Vaisseau.
279. UGUUAXIIA : Un certain arbuste d'UMMO.
280. UIW : Unité de temps à UMMO : 3,092 minutes.
281. UIWIIO : Instant.
282. ULAAYANA NAE : Sorte de photos pigmentées.
283. UMMO : Le nom de leur planète.
284. UMMOAA : ?
285. UMMOAELEWE : Gouvernement central d'UMMO, composé de trois personnes.
286. UMMOAELEWEANII : Sous-conseil.
287. UMMOAELEWEE OA : Conseil d'UMMO.
288. UMOOEMMI : Homme né à UMMO.
289. UMMOGAEOAO DII : Évaluation psychotechnique professionnelle.
290. UMMOGAIAO DA : Formule d'identité.
291. UMMOGAIAO DI : Coefficient professionnel.
292. UMMOTAEEDA : Infantocratie.
293. UMMOWOA : Dieu-homme d'UMMO, similaire de Jésus-Christ.
294. UNAWO OUDEE ANII : Université de biopathologie.
295. UNAWO UII : Centre d'enseignement polytechnique.
296. UNIEYAA : Cérébral.
297. UNIOBIGAA : Bout des doigts.
298. UNNIEYUU : Neurologue.
299. UNNIOGOAYUU XE : Réactions circulaires primaires.
300. UNNIOOGOIA : Réflexes conditionnés.
301. UOUAMII : Premier repas des Ummites.
302. UOUORAA : Acide ribonucléique (ARN).
303. UOXOO DINNAA : Couche superficielle de la membrane de leurs astronefs.
304. URAA : Chroniques officieuses.
305. URAAIWO : Spécialistes en ovulation.
306. USAAGIXOO : États isodynamiques (plis) de l'espace cosmique.
307. USADAADAU : Laboratoire d'UMMO.
308. UUDEEXAA : Ville d'UMMO.
309. UUDUA GOO : Sucre désoxyribose.
310. UUDUINOO : Ribose.
311. UUEIN GAA EIMII : Appareils visuels tridimensionnels d'images.
312. UUGEE : Enfant. Adolescent mâle.
313. UUGEEYIE : Des enfants.
314. UUIDDAO UYOAA : Région volcanique d'UMMO.
315. UULABOIYU : ?
316. UULAYA : Images.
317. UULAYANA NAI : Électrophotographie.
318. UULEWA : Sphères détectrices qui se déplacent à n'importe quelle hauteur.
319. UULIBOOA : Équivalent des aurores polaires terrestres.
320. UULIBOO DEE : Calibre de l'ordre de 8 microns terrestres.

321. UULNII : Chaînes d'information.
322. UULODOO : Caméra qui capte des images.
323. UULOOAXAABI : Chambre des maisons où l'on aperçoit des images en trois dimensions, sur un écran sphérique.
324. UULUAXOO : ?
325. UULWA AGIADAA : Sorte de dispositif à viseur utilisé en radiométalalographie.
326. UULWA AGIADAA EEWE : Sorte de bleu de travail, très voyant.
327. UULXOODII OEMM : Système qui permet l'enregistrement optique d'astres à des distances très éloignées.
328. UUWUUA IEES : Logique mathématique à quatre valeurs.
329. UUXAEEMOI : Drogue.
330. UUYABOO WEAM : Groupe nébuleux de notre Univers.
331. UUYI : Facteurs psychiques.
332. UUYIEE : Petite fille. Adolescente femelle.
333. UWAAM : Anticosmos.
334. UWOOS : ?
335. UXGIGIAM ONNOXOO : Plissement de l'espace.
336. UXGIGIIAM WAAM : Espace physique réel.
337. UXIIGIIAM : Espèce de plusieurs dimensions.
338. UYI ABEE : Système planétaire situé à 38 607,46 années-lumière. (Voir n° 256.)
339. UYOOALADAA : Réseau vasculaire par où coule un alliage liquéfiable.
340. UYOOXIGEE : Produit céramique.
341. UYUUNOODII : Vent de particules cosmiques.
342. VAAVAWE : Équateur.
343. WAALI : Unité de longueur astronomique de UMMO = $12^{4,3}$ années-lumière.
344. WAAM : Cosmos.
345. WAAMDI SALAYA : Centre coordinateur du Cosmos.
346. WAAMIAAYO : Point ou commencement d'une seule coordonnée.
347. WAAM TOA : Histoire de la Cosmologie.
348. WAAMUA ODEU : Penseurs ou philosophes.
349. WAAMWAAM : Pluricosmos.
350. WADOOSSOIA : Trafic d'information.
351. WAEELEWIE WOAT : Isotope Thorium C.
352. WIIWAAI : Sorte de bouche d'égout qui transforme les éléments chimiques en gaz de bas nombre atomique.
353. WIIWIIAA : Tempêtes d'air.
354. WIIXIIO : Insectes semblables aux fourmis.
355. WOA : Dieu. Générateur.
356. WOALAA OOLEASS : Théologie et Philosophie.
357. WOALAOLOO : Théologiens. Philosophes religieux.
358. WOIOA : Lit en mousse.
359. WOI WOI : Sommeil.
360. WOIWOI EEAEE : Hypnose.
361. WOIWOIXAABI : Chambre à méditer ou à coucher.
362. WOODOO : Ancien corps policier de UMMO, très redouté.
363. WUA : Mathématiques.
364. WUA WAAM : Mathématiques de l'espace physique.

365. WUUNUA : Condiment tonique.
366. XAABI : Maison.
367. XAABIUANNAA : Ensemble de pièces de la maison.
368. XAAXADOO : Chromosomes.
369. XANMOO AYUBAA : Réseau d'ordinateurs.
370. XANMOO ISOO •••• BAA : 120 ordinateurs.
371. XANMOO USII : Ordinateur.
372. XANMOO XOGUU : Ordinateur artériel de leurs astronefs.
373. XANWAABUASII : Énorme centrale d'ordinateurs.
374. XANWAABUASII DIIO : Mémoires au titane.
375. XANWAABUUASII : Unité de mémoire.
376. XAXOOU : Siège.
377. XEE : Année d'UMMO (0,212 an de la Terre).
378. XEEUMMO : 18 XEE.
379. XII : 600,0117 UIW. Équivaut à un jour de UMMO : 30 heures 92 minutes.
380. XIIXIA : Aimer sexuellement.
381. XOODINAADOO : Couche inférieure de platine colloïdal de la UOXOODINNAA.
382. XOODINNA : Cuirasse protectrice extérieure de leurs astronefs.
383. XOODIUMMO : Couches physiques qui composent leur Planète.
384. XOODIUMMO DUU OII : Strates connexées.
385. XOOGUU AYUBAA : Système artériel très compliqué de leurs astronefs.
386. XOOIMAA UYII : Équipements pour le forage géologique.
387. XUU : Branches.
388. XUUXAUIW USUIW : Horloges isochrones de haute précision.
389. YAA : Dépôt tubulaire.
390. YAA OOXEE : Dépôt de mercure.
391. YAAXAIUU : Cavité magnétique.
392. YAEDINNOO : Petits dépôts de produit céramique.
393. YEDDO AYUU : Système de déplacement sans réseau ou organisation.
394. YIEE : Femme.
395. YIIEAGAA : Technique inconnue des Terrestres pour conserver une structure biologique à basse température.
396. YIISA OO : Bonheur, satisfaction intime, bien moral.
397. YOAXAA : Table chirurgicale.
398. YINNIANNAA : Structure cylindrique couronnée de deux ogives.
399. YOOXAO : Piston.
400. YOYGOAAXOO : Petits tuyaux.
401. YUUWAA UXII : Population pénitentiaire.
402. YUUXIIO : Équipement en forme de tore de leurs astronefs pour contrôler l'environnement gazeux.
403. YUXIDOO : Équipement modificateur du profil des gradients dynamiques dans les couches gazeuses.

TOTAL DE PHONÈMES TROUVÉS :
403

QUELQUES PHRASES « UMMITES »

— OA DO DO IA KAAWAEA UMMO UMMO UMMO.
Nous avons fait ce voyage pour étudier votre culture. Nous sommes d'UMMO et nous ne voulons pas vous causer de mal, rassurez-vous.

— DO UMMO DO DO UMMO UMMO DO DO DO.
Nous venons d'UMMO et nous sommes arrivés avec notre vaisseau dans le sud de la France.

— DO UMMO UMMO DO DO UMMO.
Nous sommes d'UMMO. Nous avons un besoin urgent de nourriture.

— AYIIO NOOXOEOOYAA DOEE USGIGIIAM.
Cette planète verdâtre semble flotter dans l'espace.

— AIOOYA OEMMI.
L'homme existe dans les trois dimensions.

— AIOOYA AMMIEE WOA.
Dieu existe, hors de l'espace-temps.

— AIOOYA AMMIEE BUUAWA.
L'âme existe, hors de l'espace-temps.

On n'a pas trouvé de phonèmes qui commencent par les lettres : C, F, H, J, L, M, P, Q, R, S, Z.

Toutefois, dans certains des mots trouvés, on aperçoit quelques-unes de ces mêmes lettres : F, L, M, R, S, Z.

TABLEAUX COMPARATIFS ENTRE LES ASTRES UMMITES ET TERRESTRES

	LA TERRE	UMMO
Rayon équatorial maximum	6 378,388 km	7 251,608 km
Rayon polaire minimum	6 356,912 km	7 016,091 km
Masse de la planète	5 979 trillions Tm	9 360 trillions Tm
Inclinaison de l'axe	23° 27' 30''	18° 39' 56,3''
Rotation sur son axe	24,38 heures	30,92 heures
Accélération de la Gravité	9,81 m/s^2	11,88 m/s^2
Terres émergées	29,2 %	38,16 %
Distance à leur soleil	149 504 000 km	99 600 000 km
Durée de l'année	365 jours	212 jours
Diamètre de la planète	12 756,776 km	14 503,215 km
Excentricité de l'orbite	0,0167	0,007833

	LE SOLEIL	IUMMA
Masse	1,991 10^{33} g	1,48 10^{33} g
Température	5 785° Kelvin	4 580,3° Kelvin
Magnitude	4,73	7,4
Spectre	G 2	K
Distance au soleil	—	14,421 années-lumière le 8-7-1967

Selon les hommes d'UMMO, leur étoile IUMMA pourrait être celle qui est enregistrée par les scientifiques terrestres sous le nom de WOLF 424 dans la constellation de la VIERGE.

Ses caractéristiques sont :

Ascension droite	12 h 31 mn 14 s
Déclinaison	+9° 18' 7''
Magnitude visuelle absolue	14,3
Magnitude visuelle apparente	entre 12 et 13
Type spectral	M.

NUMÉROS, SIGNES ET OPÉRATIONS MATHÉMATIQUES UMMITES

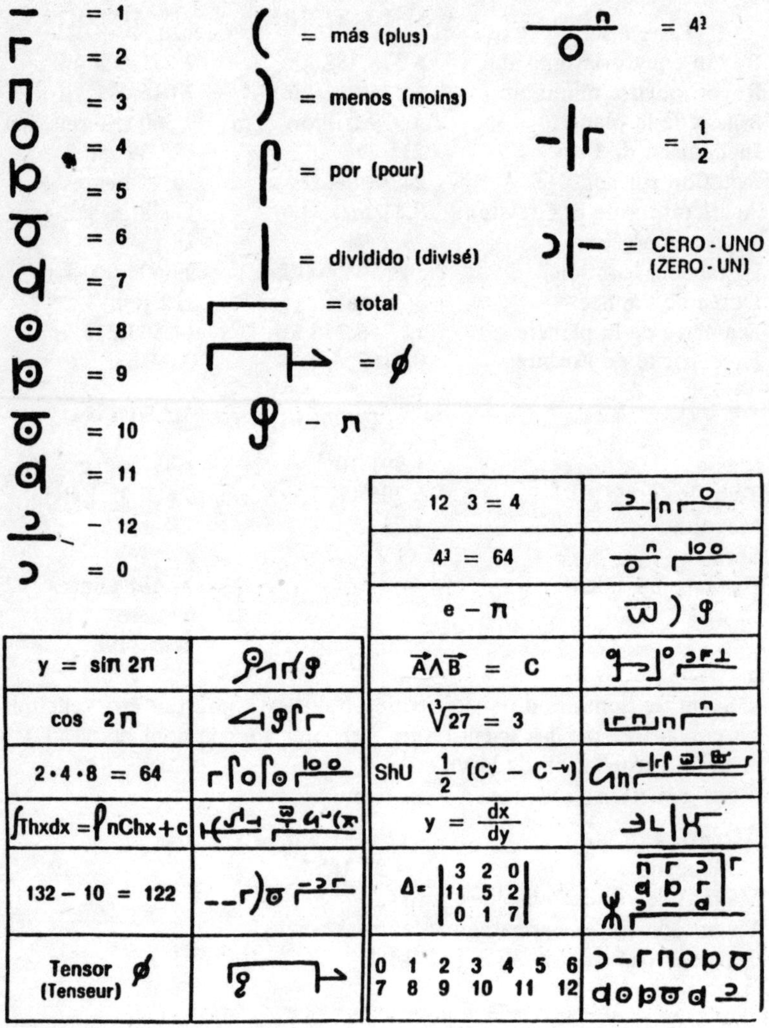

SIGNES UMMITES
TROUVÉS DANS LES RAPPORTS

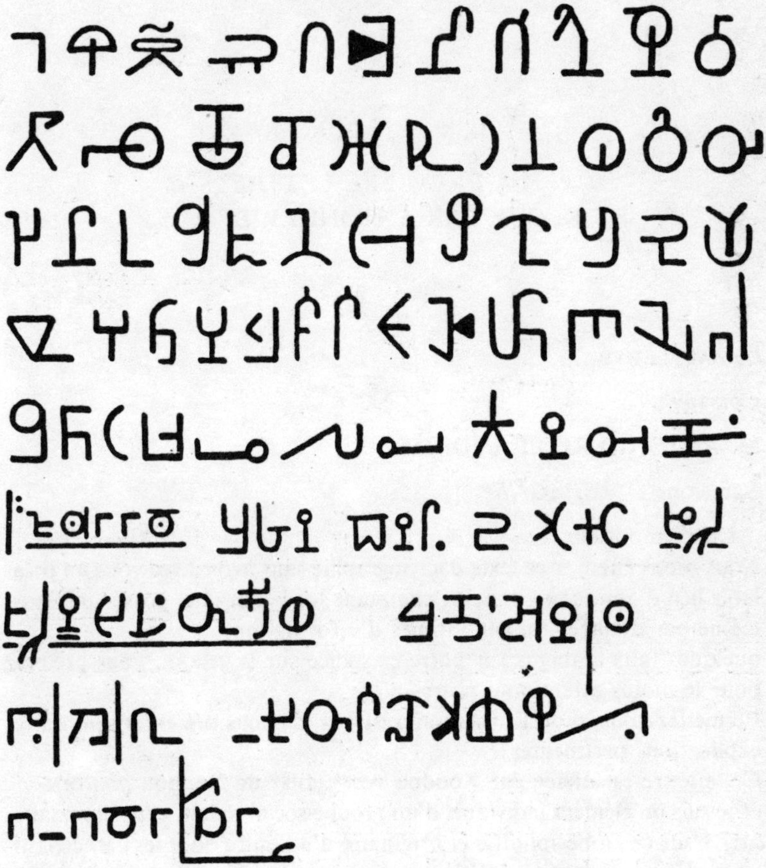

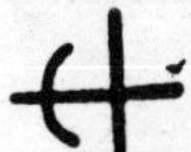 WAALI = Unidad de longitud astronomica
(Unite de longueur astronomique)

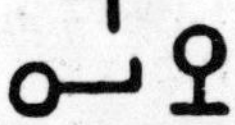 Atomo emisor de Kripton (Atome emetteur)

 Atomo receptor de Kripton (Atome receveur)

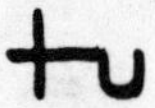 UIW = Unidad de tiempo en UMMO· 3,092 minutos
(Unite de temps en UMMO 3,092 minutes)

 OEMII = Hombre (Homme)

2.

LA PREMIÈRE LETTRE REÇUE PAR ANTONIO RIBERA

OUMAUÈLÉWEE

*Courrier** [1]

M. ANTONIO RIVERA JORDA

Barcelone — *ESPAGNE**

Cher [2] monsieur,

Nous osons envoyer ce texte dactylographié sans avoir avec vous un préalable lien d'amitié personnelle, comptant sur le fait que, possédant vous-même par d'autres canaux intimes d'information,

quelques faits ambigus sur notre existence sur la TERRE, vous prêterez pour le moins attention à notre salut.

Permettez-nous, monsieur Antonio Rivera, de nous présenter sans autres explications pertinentes :

Cette lettre est dictée par Xoodou *sept**. fils* de Xoodou *quatre**.

et je suis un élément individuel d'un groupe social réduit, expéditionnaire, arrivé sur ce globe solidifié et originaire d'un autre dont les caractéristiques physiques sont semblables à celles de la TERRE et dont le graphisme approximatif peut être traduit à partir d'un phonème qui nous est familier, OUMO ([« m » prolongé pour la prononciation]).

Sa situation en fonction de la planète TERRE était, le 8 *juillet** 1967 à 21 h. 18 mn. T.M.G.

de 14,421 années-lumière (distance apparente dans le milieu tridimensionnel habituel).

---

1. Tous les mots en italique suivis d'un astérisque sont en français dans le texte espagnol *(NdT)*.

2. Au sens de respectable *(NdT)*.

Nous sommes intégrés au groupe zoologique humain de ce Globe solidifié.
Cette présentation, monsieur Antonio Rivera, devrait être déconcertante pour votre esprit, car vous n'avez pas reçu d'envois préliminaires, comme ceux attribués à d'autres frères terrestres d'Espagne, faisant allusion à notre identité.
Nous vous invitons à évaluer tous ces faits, avec impartialité et méthode en fonction de la logique opérationnelle connue sur TERRE. N'oubliez pas que pour accepter une révélation sans doute surprenante, il faut qu'elle soit accompagnée de preuves convaincantes, en évitant les aspects de l'affaire qui peuvent vous induire en erreur par leur éclat et leur côté suggestif.
Naturellement, le seul témoignage énoncé à travers le canal postal par des humains inconnus, ne doit jamais être adopté comme seul élément valable.
Il est donc clair que nous ne désirons pas modifier votre propre jugement bien intégré dans votre esprit, que ce soit en faveur ou en négation de notre identité. Si par conséquent, vous adoptez une attitude hypercritique ou même sceptique à outrance, celle-ci nous paraîtra toujours orthodoxe et intelligente.
Assurément, cela constituera une surprise pour vous, que de savoir qu'au mois d'avril 1965, certains de mes frères résidant en Espagne ont ajouté votre nom à ceux de vos frères M. Buelta et M. Danyans, au sein d'une liste de présumés correspondants destinés à recevoir nos informations concernant notre existence dans le milieu social terrestre.
L'omission de cette intention ne devra pas être attribuée à l'oubli ni à une attitude méprisante ou la peur de possibles réactions d'incrédulité logique.
Pendant que vous mainteniez certains liens avec un réseau organisé pour l'analyse des « Objets spatiaux sans identification » avec un degré de prestige et de possibilité d'accès aux moyens de diffusion sociale non négligeables ; notre critère de relation sociale avec des hommes de la Terre a été d'établir seulement des liaisons avec des individus sélectionnés appartenant à différents niveaux socio-culturels, qui, par leur silence probable, leur réserve mentale équilibrée ou dans d'autres cas, par leur oligoprestige intellectuel, ne constituaient pas un risque présumé pour nous.
Vous-même pouvez déduire sans arguments plus spécieux, que notre mission d'étude de ce Globe solidifié exige un degré élevé de réserve. Nous croyons que nous maintenons une marge de sécurité étendue, en ne nous faisant pas connaître officiellement, en n'apportant pas de preuves tangibles qui puissent aider les organes techniques gouvernementaux à confirmer notre existence (les documents écrits qui proviennent de nous sont

toujours élaborés avec un matériel connu). Une quelconque indiscrétion de l'un de vos propres frères serait d'autre part facilement rendue stérile. Ces mesures sévères ne sont en aucun cas un indice de *complot** à l'échelle internationale, ni une preuve d'une quelconque intention perverse de mes frères.

Ne doutez pas, monsieur Antonio Rivera, qu'une prise de conscience de notre présence réelle parmi vous provoquerait de très graves altérations dont l'illégalité morale entre dans nos codes respectifs. Nous vous assurons que nous n'avons pas l'intention d'intervenir dans l'évolution de votre milieu politico-social terrestre et que nous pouvons apporter les preuves de notre conduite aseptique dans le cours de notre coexistence parmi vous.

Mais d'autres frères compatriotes ont aussi reçu nos documents. Nous comprenons que dans le cours du temps il était inévitable qu'une infiltration de telles références parvienne à votre connaissance et à celle de vos frères de la ville de Barcelone. Ce fut le prix d'une tentative semi-frustrée d'intégrer dans Madrid, un groupe réduit d'hommes et de femmes terrestres pour étudier (à une micro-échelle collective) l'impact que provoquerait une telle information sur des mentalités latines.

Maintenant nous désirons vous adresser une supplique, loin de toute intention occulte de contrainte. Nous invoquons seulement pour cela votre raison et votre sensibilité spirituelle. Et non pas le respect pour des êtres que vous ne connaissez pas et qui pourraient même n'être que des imposteurs. Nous vous invitons à analyser ces situations et leur objectivité.

Si en effet nous sommes des imposteurs, déments, farceurs ou membres d'une organisation militaire, secte ou groupe terrestre (religieux, scientifique ou commercial), un quelconque témoignage de votre part garantissant notre identité s'écroulerait tôt ou tard quand nous serions « démasqués » en discréditant votre renommée.

Si en effet notre témoignage est orthodoxe, fidèle à la réalité objective, une diffusion de l'information à l'échelle macrosociale perturberait gravement l'actuel contexte géopolitique, assez difficile pour les terrestres, et entraînerait des troubles incontrôlables parmi vos frères, en provoquant en ce qui nous concerne, de graves bouleversements, car nous serions obligés d'évacuer ce Globe solidifié en abandonnant une pacifique mission d'étude.

Une troisième hypothèse, pour que ce jugement ne puisse présenter des éléments tronqués, pourrait être formulée par vous : nos intentions cachent, sous la couverture d'un mouvement pacifique, des plans belliqueux et des idées d'extermination de vos institutions et des habitants de ce Globe terrestre.

Observez que si cela était, nos messages ne s'expliqueraient pas, pas plus que cette lettre. N'importe lequel de vos frères spécialisé en logistique militaire vous conseillerait la réserve la plus absolue comme prémices indispensables pour de telles manœuvres romanesques.

Ces considérations vont-elles dans le sens de notre cordiale supplique? Nous ne voyons pas d'objection à ce que vous fassiez des allusions concernant notre existence, nos institutions, notre culture, religion, origine... dans vos propres publications ou déclarations au niveau des moyens de communication sociale ; il en est de même pour l'insertion des fragments de nos écrits ou reproductions de nos graphiques, en respectant toujours la fidélité de la transcription. Au moment d'émettre votre propre jugement sur notre problématique existence et sur la validité de nos témoignages, nous vous prions de ne pas vous efforcer à l'accepter positivement mais de simuler toujours un certain degré modéré de scepticisme et de vous abstenir de ratifier avec des arguments convaincants vos propres transcriptions. Et n'oubliez pas que l'infiltration de certains faits jusqu'aux organismes officiels peut provoquer de sérieux préjudices pour nous.

Un véritable appui vous sera offert dans le cas peu probable où la diffusion de tels documents provoquerait une effervescence sociale indésirable. Il ne nous serait pas difficile de simuler la nature frauduleuse de ces témoignages, en les discréditant efficacement. Votre renommée en ressortirait intacte.

Recevez, monsieur Antonio Rivera, mon salut respectueux, j'espère que vous recevrez d'autres informations dès que ceux qui constituent notre hiérarchie, nous en donneront l'autorisation.

3.

LA LETTRE DE PARIS

OUMMOAELAEWE

CENTRE : BERLIN-OUEST, Allemagne.

Cher Monsieur,

Nous sommes conscients de la transcendance de ce que nous allons vous dire. Nous comprenons qu'une affirmation de cette nature est d'habitude formulée par un farceur, un perturbé mental aux idées délirantes ou peut-être même quelque journaliste, publicitaire ou agent de quelque organisation politique, ésotérique ou religieuse qui prétend exploiter sa version ou la nouvelle pour le profit de son groupe.

Lorsqu'une hypothèse ou un récit s'écarte des aspects de vraisemblance et — quand on manque de moyens techniques et d'éléments de jugement pour en témoigner la réalité, toute intelligence équilibrée a le droit et doit adopter une attitude sceptique ou de méfiance. On ne doit jamais accepter le simple témoignage et moins encore lorsque, comme dans le cas présent, on en ignore l'origine, ce qui le rend suspect de supercherie. Pour nous, il est évident que ce que nous allons vous révéler est certain. Toutefois, nous ne pouvons pas logiquement exiger que vous acceptiez une information aussi fantastique. Nous admettons qu'à votre place, nous réagirions de façon semblable. Mais, cependant, l'attitude de celui qui tolère *a priori* toute version est admissible s'il l'analyse sans passion et objectivement à la recherche de la vérité. De fait, tous les chercheurs de la planète Terre ont suivi ce critère. Si des concepts qui « hier » semblaient fantastiques et absurdes n'avaient pas été analysés par les spécialistes compétents, seriez-vous parvenus à l'état culturel actuel ?

Dans les dernières années, à l'occasion de l'apparition dans l'atmosphère terrestre des UFO, la fantaisie des hommes a débordé et l'on a trouvé dans la presse des nouvelles souvent frauduleuses, authentiques quelques rares fois, concernant ces phénomènes.

Conscients que ces versions ont créé un climat logique de méfiance, nous savons que notre déclaration doit être accueillie avec une extrême réserve. Toutefois, notre objectif, en vous envoyant ce document tapé à la machine par l'un de nos collaborateurs, n'est pas d'être crus sans plus de preuves que ces quelques paragraphes.

De fait, des communications analogues ont été envoyées il y a quelque temps, à des professeurs et à des spécialistes de divers pays. Le Canada, l'Australie, l'Espagne et la Yougoslavie ont des groupes de personnes cultivées qui connaissent notre existence bien que sur notre suggestion, ils gardent un silence discret sur ce thème. Et bien que nous devions reconnaître que de nombreux hommes de science avec lesquels nous avons établi une communication écrite ou parlée ont déchiré, indignés, les lettres envoyées, les confondant logiquement avec des mauvaises plaisanteries ou des coups de paranoïaques — dans quelques cas, l'étonnante sélection de données scientifiques apportée simplement finit par convaincre quelques-unes que notre attitude pourrait être sérieuse et dépourvue d'intentions immorales. De ce fait, nous vous supplions de lire soigneusement notre déclaration. Peu importe qu'en principe, vous écartiez la vérité et le bien-fondé de nos affirmations. Nous ne souhaitons pas non plus que la réalité de notre existence passe maintenant à la connaissance de la masse sociale sans préparation suffisante. En somme : la situation est embarrassante et étrange. Nous, si nous sommes fidèles à la vérité, nous devons vous faire parvenir notre propre témoignage. Vous, en tant qu'homme équilibré et objectif, vous restez libre de l'accepter ou non. Mais nous vous prions de toutes façons, dans un cas comme dans l'autre, de ne pas déchirer cette copie. Un jour, vous pourrez constater la véracité de nos affirmations.

A 4 h 17 mn C.N.T. du jour terrestre 28 mars 1950, une OANOELEA OUEWA (astronef de forme lenticulaire) établissait le contact avec la lithosphère de la Terre pour la première fois dans notre histoire. La descente s'effectua aux environs du village de La Javie dans les Basses-Alpes, en France.

Le processus d'adaptation qui comprit l'assimilation du langage, l'information concernant les coutumes sociales, etc., des êtres de cette planète est difficile à synthétiser dans une simple lettre. Certains de vos frères du Canada et d'Espagne connaissent en détail toute l'histoire.

Six de nos frères descendirent à cette occasion comme les premiers explorateurs d'un monde inconnu pour nous. Ensuite, nous sommes venus plus nombreux pour étudier et analyser la culture terrestre. Deux bases d'opération ont été établies pour le moment : Adelaide (Australie) où réside notre frère chef d'expédition, et Berlin-Ouest (Allemagne).

Nous provenons d'un astre solidifié, dont les caractéristiques géologiques diffèrent un peu de celles de la terre, mais dont la composition atmosphérique est très semblable. (Nous utilisons les unités de mesure terrestres dans certains cas.)

Équateur : rayon maximum R = 7251,608 • 10^3 m

Masse de la planète m = 9'36 • 10^{24} kg

Accélération de la gravité mesurée en alpha. Oxo g = 11,9 m/s

Rotation sur son axe : 30'92 heures (nous mesurons en OUIW 30'92 h = 600 OUIW).

Nous désignons notre planète avec un phonème que vous pourriez transcrire ainsi : OUMMO. Un seul continent et la faible surface insulaire n'occupe que 38 % de la superficie de notre planète. OUMMO se déplace en trajectoire elliptique d'excentricité 0,078 autour d'un astre dénommé par nous IOUMMA (notre « soleil »). La distance moyenne OUMMO-IOUMMA est de 9'96 •10^{12} cm. IOUMMA est une étoile de masse 1'48 • 1 033 g. La distance séparant IOUMMA de votre Soleil est de 14'42 années-lumière environ. Nous calculons que vous localiseriez cette étoile à : ascension droite : 12 heures 31 minutes, déclinaison 9° 18'.

Mais le brillant que vous remarqueriez sera très atténué étant donné la présence d'un amas de poussière cosmique qui l'atténue et le réduit à une magnitude apparente de l'ordre de 26. La température superficielle de cette étoile est de 4580'3 degrés K. Ses altérations de champs magnétiques sont grandes. Nous enregistrons sur notre planète des valeurs atteignant 216 gauss très supérieures à celles d'OUMMO. Ces perturbations nous interdisent l'utilisation normale de fréquences électromagnétiques, raison pour laquelle nous devons utiliser des ondes gravitantes pour les communications.

4.

PREMIERS JOURS DES UMMITES SUR LA TERRE

Voici comment les Ummites racontent leur arrivée sur notre planète dans une lettre datée du 20 mars 1967 qui nous a été transmise par Joël Mesnard, rédacteur en chef de la revue *Lumière dans la nuit*.

Extraits du rapport « Premiers jours sur Terre » reçu le 20 mars 1967

L'instant de la OAWOOLEIADAA a été enregistré par nous dans la version horaire de la planète Terre comme 4 heures 16 minutes 42 secondes T.M.G. (avec une marge d'erreur de + ou − 6 secondes), en date du 28 mars 1950.

ATTENTION : le 8 novembre 1965, nous avons remis par l'intermédiaire de l'un de nos frères UDITE 36, fils de UDITE 34 alors aux États-Unis, un petit rapport très résumé sur notre arrivée sur Terre du médecin terrestre Dr Peters Walter. Notre frère dicta comme heure d'arrivée 4 heures 23 minutes sans spécifier de marge d'erreur. Une enquête plus soigneuse au niveau de la conversion de nos éléments dimensionnels de temps, en les comparant avec le registre des signaux radioélectriques émis à ces moments-là par des centres émetteurs de la République française et de la République helvétique, captés par nos équipements, ont permis de rectifier la première appréciation horaire faite en utilisant les courbes barométriques et thermiques d'un observatoire météorologique français avec nos propres éléments sur l'atmosphère terrestre à notre arrivée.

Une grande nébulosité empêchait à ces heures de la nuit la vision directe des alentours. Les images obtenues avec la gamme d'onde de 740 millimicrons de longueur d'onde permirent néanmoins de visualiser les alentours.

Le nouveau jour réserve aux expéditionnaires un beau et nouveau spectacle. Pour la première fois ils se trouvaient face avec un nouveau monde.

Une structure géologique nouvelle. Le ciel était plus indigo que sur UMMO. De nombreux STRATOCUMULUS couvraient ce jour le ciel de la région.

Le 30 mars 1950, deux de nos frères virent des animaux vertébrés avec des protubérances pointées sur le haut du crâne. Au total ils en comptèrent HUIT. Elles paraissaient situées à une distance de 350 m terrestres (de l'endroit où se promenaient les deux frères et non de la grotte *N.d.T.*).

Le petit UUGEE leur adressa quelques mots évidemment inintelligibles. Ensuite, en voyant qu'il n'obtenait pas de réponse il s'approcha encore plus en mettant la main sur le front et les regarda avec plus d'attention. Il est étonnant de constater la série d'équivoques qui suivirent. Analysant ensuite la conduite de l'adolescent, il fut évident que le geste de mettre la main sur le front était simplement pour se protéger du soleil étant donné que nos frères étaient de dos au soleil, mais ils interprétèrent une telle mimique comme un salut et firent le même geste, ce qui dut surprendre l'UUGEE encore plus.

Achevé d'imprimer le 7 octobre 1991
dans les ateliers de Normandie Roto S.A.
61250 Lonrai
N° d'éditeur : 33726
N° d'imprimeur : R1-1014
Dépôt légal : octobre 1991